FOKUS CHEMIE 7/8

BERLIN/BRANDENBURG
LÖSUNGEN

Cornelsen

FOKUS CHEMIE

Autoren:	Dr. Karin Arnold, Andreas Eberle, Andrea Hein, Carina Kronabel, Dr. Uwe Lüttgens, Ralf Malz, Jörn Peters
mit Beiträgen von:	Dr. Barbara Arndt, Prof. Dr. Volkmar Dietrich (†)
Redaktion:	Sven Wilhelm
Designberatung:	Ellen Meister
Illustration und Grafik:	Tom Menzel, Oxana Rödel, Detlef Seidensticker
Umschlaggestaltung und Layoutkonzept:	EYES-OPEN, Berlin
Umschlagmotiv:	Corbis/Mark Sykes/AWL Images Ltd
Layout und technische Umsetzung:	krauß-verlagsservice, Niederschönenfeld

www.cornelsen.de

1. Auflage, 2. Druck 2021

Alle Drucke dieser Auflage sind inhaltlich unverändert
und können im Unterricht nebeneinander verwendet werden.

Druck: Esser printSolutions GmbH, Bretten

ISBN 978-3-06-015560-6

PEFC
PEFC/04-31-2851

PEFC zertifiziert
Dieses Produkt stammt aus nachhaltig bewirtschafteten Wäldern und kontrollierten Quellen.

www.pefc.de

Inhaltsverzeichnis

Was ist Chemie?

Seite 12–13: Erinnere dich – Identifizieren von Stoffen

1 Erstelle einen Steckbrief für Zucker, Kochsalz und Citronensäure.
Teilweise offene Aufgabenstellung, mögliche Antwort:

	Zucker	Kochsalz	Citronensäure
Aggregatzustand bei Raumtemperatur	fest		
Farbe	weiß		
Geruch	geruchlos		
Geschmack	süß	salzig	sauer
Schmelztemperatur	146 °C	801 °C	153 °C
Siedetemperatur	–	1 461 °C	175 °C
Löslichkeit in Wasser	löslich		

2 Erläutere, warum es notwendig ist, immer mehrere Stoffeigenschaften zu ermitteln, um einen Stoff zu identifizieren.
Einzelne Stoffeigenschaften sind für einen Stoff nicht unbedingt charakteristisch. So sind Kochsalz und Zucker zwei feste Stoffe. Erst durch die Kombination mehrerer Stoffeigenschaften lassen sich Stoffe zweifelsfrei identifizieren.

3 Begründe mit charakteristischen Stoffeigenschaften, dass Kupfer und Eisen Metalle sind.
Charakteristische Stoffeigenschaften für Metalle sind metallischer Glanz, hohe elektrische Leitfähigkeit, hohe Wärmeleitfähigkeit und gute Verformbarkeit (Duktilität). All diese Eigenschaften treffen auf die Stoffe Kupfer und Eisen zu. Es sind deshalb Metalle.

Seite 14–15: Erinnere dich – Stoffe bestehen aus Teilchen

1 Beschreibe den Aufbau eines festen Stoffes mithilfe des Teilchenmodells.
Die kleinsten Teilchen sind regelmäßig und dicht nebeneinander angeordnet. Sie können nur kleine Schwingungen ausführen. Die kleinsten Teilchen eines festen Stoffes lassen sich nur schwer voneinander trennen und gegeneinander verschieben.

2 Beschreibe den Vorgang der Diffusion anhand eines selbst gewählten Beispiels.
Lässt man eine Flasche mit Essig offen stehen, so riecht man den Essig nach kurzer Zeit im ganzen Raum. Ursache hierfür ist die Diffusion. Als Diffusion wird die selbstständige Durchmischung von Stoffen bezeichnet. Diese Durchmischung erfolgt aufgrund der Eigenbewegung der Teilchen.

3 Kennzeichne den Unterschied zwischen einem kleinen Zuckerkristall und einem Zuckerteilchen.
Der Zuckerkristall ist sichtbar. Er ist eine aus Zuckerteilchen gebildete Stoffportion mit einer bestimmten Form. Zuckerteilchen sind einzeln nicht erkennbar. Sie sind die kleinsten unteilbaren Teilchen, aus denen der Stoff Zucker besteht. Die Zuckerteilchen haben alle die gleiche Masse und Größe.

Seite 16–17: Erinnere dich – Vorgänge im Teilchenmodell

1 Erkläre, weshalb sich Zucker in heißem Wasser schneller löst als in kaltem und weshalb sich Kandiszucker langsamer löst als Würfelzucker. Nutze das Teilchenmodell.
Die Wasserteilchen des Wassers sind in ständiger, regelloser Bewegung. Mit zunehmender Temperatur des Wassers bewegen sich die Wasserteilchen immer schneller. Auch die Zuckerteilchen, die dicht gepackt sind und ihren festen Platz im Zuckerkristall haben, schwingen stärker. Die Wasserteilchen prallen in heißem Wasser schneller und in gleicher Zeit häufiger auf die Zuckerteilchen. Durch die stärkeren Schwingungen der Zuckerteilchen im Kristall sind die Anziehungskräfte zwischen ihnen kleiner. Die äußeren Zuckerteilchen werden daher in heißem Wasser schneller vom Teilchenverband gelöst als in kaltem Wasser.
Im Kandiszucker bilden alle Zuckerteilchen eines großen Kandiskristalls einen einzigen, dicht gepackten Teilchenverband. Würfelzucker hingegen besteht aus vielen kleinen Zuckerkörnchen, die miteinander verklebt sind. Zwischen ihnen befinden sich viel größere Hohlräume, in die das Wasser eindringen kann, sodass der Würfelzucker in die Zuckerkörnchen zerfällt. Alle Zuckerkörnchen zusammen haben eine viel größere Oberfläche als ein einzelner Kandiskristall. In der gleichen Zeitspanne können so viel mehr Wasserteilchen auf die Zuckerteilchen treffen und diese vom Teilchenverband ablösen. Daher löst sich Würfelzucker schneller als Kandiszucker.

2 Beschreibe die in ▸ 5 dargestellten Vorgänge mithilfe des Teilchenmodells.

Schmelzen und Erstarren: Die Teilchen des Eises haben einen bestimmten Platz, um den sie sich hin und her bewegen – sie schwingen. Durch Erwärmung werden die Schwingungen immer heftiger, bis die starre Ordnung der Teilchen auseinanderbricht. Das Eis schmilzt, es wird zu Wasser. Der feste Zustand geht in den flüssigen über. Bei Abkühlung wird die Bewegung der Teilchen wieder kleiner und das Wasser erstarrt zu Eis.

Verdampfen und Kondensieren: Im Wasser sind die Teilchen nicht regelmäßig angeordnet. Sie bewegen sich und verschieben sich dabei gegeneinander. Bei Erwärmung wird die Bewegung der Teilchen immer heftiger. Wenn die Siedetemperatur erreicht ist, ist ihre Bewegung so groß, dass sie das Wasser verlassen können. Es bildet sich Wasserdampf. Kühlt man den Wasserdampf ab, nimmt auch die Bewegung der Teilchen ab. Der Dampf wird wieder zu Wasser. Diesen Vorgang nennt man Kondensation.

Sublimieren und Resublimieren: Der direkte Übergang vom festen in den gasförmigen Zustand heißt Sublimation. Wasserteilchen lösen sich dabei vom Eiskristall und bilden den Wasserdampf, in dem sie sich in der Luft verteilen. Der umgekehrte Vorgang heißt Resublimation. Wasserteilchen aus der Luft bilden dabei direkt den festen Aggregatzustand.

3 Beschreibe mithilfe des Teilchenmodells, was passiert, wenn das Wasser einer Zuckerlösung langsam verdampft.

In der Lösung sind die Zuckerteilchen und Wasserteilchen unregelmäßig angeordnet und in ständiger regelloser Bewegung. Zwischen den Teilchen wirken noch Anziehungskräfte. Durch Erwärmen der Lösung bewegen sich die Teilchen immer schneller. Ist die Wärmezufuhr so stark, dass die Stöße zwischen den Teilchen so groß werden, dass die Wasserteilchen die Lösung verlassen können, siedet die Lösung. Es bildet sich Wasserdampf. Haben genügend Wasserteilchen die Lösung verlassen, können sich zwischen den Zuckerteilchen wieder Anziehungskräfte ausbilden. Der Zucker kristallisiert aus.

Seite 18–19: Erinnere dich – Reinstoffe und Stoffgemische

1 Ordne nach Reinstoffen und Stoffgemischen: Müll, Kupferdraht, Zahnpasta, Mineralwasser, Schwefel, Zink, Klärschlamm, Leitungswasser. Gib an, welche Stoffgemische heterogen, welche homogen sind. Bezeichne die Stoffgemische.

Reinstoffe: Kupferdraht, Schwefel, Zink
Stoffgemische: Müll, Zahnpasta, Mineralwasser, Klärschlamm, Leitungswasser
Heterogen: Müll, Zahnpasta, Klärschlamm
Homogen: Mineralwasser, Leitungswasser
Gemenge: Müll
Suspension: Zahnpasta, Klärschlamm
Lösung: Mineralwasser, Leitungswasser

2 Entwickle eine Übersicht zur Einteilung der Stoffe. Finde dabei für jede Stoffart ein Beispiel aus dem Alltag.

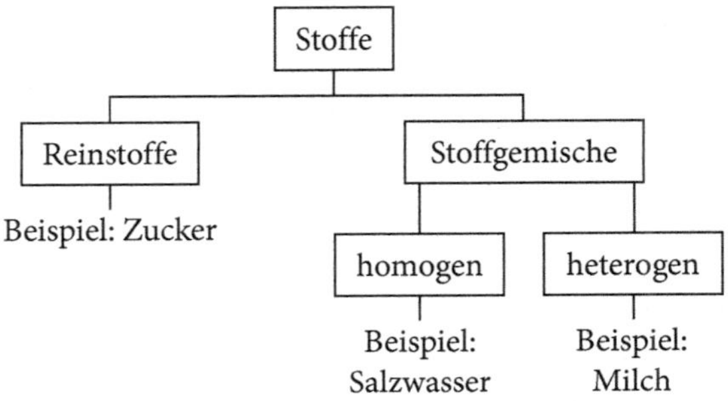

3 Beschreibe den Aufbau einer Destillationsapparatur (▸ 4).

Die Destillationsapparatur setzt sich aus folgenden Geräten zusammen: Brenner, Dreifuß, Keramikdrahtnetz, Destillierkolben mit Thermometer, Kühler, Auffanggefäß (Vorlage). Zwischen Keramikdrahtnetz und Kolben muss ein Abstand sein. Der Kühlwasserzulauf erfolgt von unten, der Kühlwasserablauf von oben.

4 Abwasser wird in Klärwerken gereinigt. Recherchiere den Aufbau und die Arbeitsweise eines Klärwerks. Erläutere die jeweils genutzten Trennverfahren.

Teilweise offene Aufgabenstellung.
Die Reinigung des Abwassers erfolgt in drei Stufen: mechanische, biologische und chemische Reinigung des Wassers. In der **mechanischen Reinigungsstufe** wird das Wasser zunächst gesiebt. Dabei werden grobe Verunreinigungen aus dem Wasser entfernt. Die danach noch vorhandenen festen, feinkörnigen Stoffe, z. B. Speisereste und Kot, setzen sich am Boden des Vorklärbeckens als Klärschlamm ab. Man nutzt das Trennverfahren des Sedimentierens.
In der **biologischen Reinigungsstufe** wird kein spezielles physikalisches Trennverfahren angewendet. Hier zersetzen Bakterien die organischen Verunreinigungen. Danach sind etwa 95 % der Verunreinigungen aus dem Abwasser entfernt.

In der **chemischen Reinigungsstufe** werden gelöste, das Wasser gefährdende Stoffe abgetrennt. Dazu gibt man in das Wasser ein Flockungsmittel. Dieses reagiert in den Fällungsbecken mit den Wasser gefährdenden Stoffen zu schwer löslichen Stoffen. Diese werden durch Filtration aus dem Wasser entfernt. Danach darf das gereinigte Abwasser in Oberflächengewässer eingeleitet werden. Der bei der Abwasserreinigung anfallende Klärschlamm wird zur Herstellung von Faulgas und zur Düngung von Wiesen verwendet.

5 Recherchiere weitere Trennverfahren. Erläutere, auf welchem Prinzip sie beruhen und wo sie angewendet werden.

Teilweise offene Aufgabenstellung, z. B.:

Zentrifugieren: Trennen von Suspensionen oder Emulsionen aufgrund der unterschiedlichen Dichte der Stoffe, z. B. Abtrennen des Blutplasmas von den roten Blutkörperchen.

Extraktion: Herauslösen von Stoffen aus einem Stoffgemisch durch ein Extraktionsmittel, z. B. Wasser. Die Trennung beruht auf der unterschiedlichen Löslichkeit der Stoffe im Extraktionsmittel, z. B. Extraktion von Inhaltsstoffen aus Teeblättern bei der Zubereitung von Tee.

Chromatografieren: Trennung von Stoffen aufgrund der unterschiedlichen Löslichkeit in einem Lösemittel und der Adsorption auf einem Feststoff. Trennen von Farbstoffen bei der Papierchromatografie.

Faszination Chemie – Feuer, Schall und Rauch

Seite 26–29: Chemie erlebt – Feuer, Brände, Brandbekämpfung

1 Leite aus den Materialien und den Versuchsergebnissen eine allgemeine Aussage über die Bedingungen für das Entstehen eines Feuers ab. (Seite 26)
Für die Entstehung eines Feuers wird je nach Brennstoff eine unterschiedliche Zündtemperatur, ausreichend Luft bzw. Sauerstoff (Exp. 2) und ein brennbarer Stoff (Exp.1) benötigt.

2 Begründe, warum Holz, Wachs und Papier bei indirekter Erwärmung durch den Brenner brennbar sind, Kreide und Glas hingegen nicht. (Seite 26)
Kreide und Glas müssen beide eine Zündtemperatur besitzen, die oberhalb der durch den Brenner zu erreichenden Temperatur liegt.

Hinweis für Lehrkräfte: Für Glas fehlt die Angabe der Zündtemperatur. Die Schüler sollen daraus begründete Rückschlüsse ziehen.

1 Erläutere den Begriff Zerteilungsgrad. (Seite 27)
Zerteilt man einen Würfel in kleinere Stücke nimmt bei gleichgebliebenem Volumen die Oberfläche zu, da zuvor innen liegende Seiten des Würfels zu Außenseiten werden und bei der Berechnung der Oberfläche mit berücksichtig werden müssen. Die Oberfläche ist die Summe aller Außenflächen. Das Verhältnis zwischen Volumen und Oberfläche nennt man Zerteilungsgrad. Bei einer Zerteilung vergrößert sich die Oberfläche und somit auch der Zerteilungsgrad.

2 Spiritus gilt bei Raumtemperatur als gefährlicher Grillanzünder, vor allem wenn man ihn auf schon warme, aber noch nicht glühende Kohlen gießt. Erkläre die Gefahren. (Seite 27)
Spiritus ist vergällter Alkohol, eine leicht flüchtige Flüssigkeit. Der Flammpunkt liegt unter 21 °C, die Zündtemperatur bei ca. 425 °C. Gießt man den Spiritus auf warme Kohlen, verdampft der Spiritus vermehrt und es entsteht ein Gasgemisch aus Luft und Spiritus. Dieses kann sich mit einem Flammpunkt von unter 21 °C bereits durch einen Funken, z. B. bei der Verwendung eines Streichholzes entzünden.

3 Heizöl kann nicht durch einen brennenden Span entzündet werden. Erst nach dem Erhitzen lässt es sich entzünden. Formuliere eine Erklärung. (Seite 27)
Heizöl hat einen höheren Flammpunkt als Ethanol oder Benzin, d. h. um das entzündliche Gas-Luft-Gemisch herzustellen, muss das Heizöl erst erwärmt werden, damit ausreichend Heizöldämpfe entstehen. Erst dieses Gasgemisch aus Heizöl und Luft kann dann durch ein Streichholz gezündet werden.

1 Informiere dich noch einmal im Internet oder im Schulbuch über die Temperaturzonen in der leuchtenden und nicht leuchtenden Flamme. (Seite 29)
leuchtende Flamme: 1 000 °C
rauschende Flamme: von 300 °C im Innenkegel bis zu 1 500 °C an der heißesten Stelle
nicht leuchtende Flamme: ca. 1 200 °C

2 Überlege unter Zuhilfenahme des Branddreiecks, wie der Brand von Lampenöl durch den Schaumlöscher gelöscht wird (► Exp. 5). (Seite 29)
Der Schaum entsteht durch die Bildung von Kohlenstoffdioxid. Dieser legt sich aufgrund seiner höheren Dichte als Luft auf das Feuer und unterbindet die Luftzufuhr, sodass Sauerstoff als Bedingung für den Brand nicht mehr zur Verfügung steht. In geringem Maße erfolgt auch eine Abkühlung der Temperatur.

3 Nenne und begründe die Löschmöglichkeiten, die in den Textbeispielen genutzt wurden. (Seite 29)
Waldbrand: Durch Schlagen von Schneisen wird dem Brand die brennbaren Stoffe (Holz) entzogen.
Kleine Brände/Textilbrände: Durch Verwenden der Löschdecke wird der Zutritt von Sauerstoff zum Feuer verhindert.
Holzbrände, Brände von Stoffen oder Kunststoffen: Kaltes Wasser kühlt den Brandherd unter die Entzündungstemperatur ab, zudem unterbindet das Wasser den Zutritt von Sauerstoff.
Fett- und Metallbrände: Dichter Schaum verhindert den Zutritt von Sauerstoff zum Brandherd.

4 Recherchiere z. B. im Internet, weshalb es beim Löschversuch eines Fett- oder Metallbrands zu einer Explosion kommen kann. (Seite 29)
Beim Fettbrand verdampft das Löschwasser bei Kontakt mit dem heißen Fett und reißt dabei feinste Fetttröpfchen mit sich. Dadurch vergrößern sich die Oberfläche und der Zerteilungsgrad des Fetts, sodass die Verbrennung deutlich schneller und damit stärker ablaufen kann. Durch die Verteilung der Fetttröpfchen in der Luft können riesige Flammen entstehen.

Bei Metallbränden findet eine chemische Reaktion zwischen Wasser und Metall statt, bei der das Metall dem Wasser Sauerstoff entzieht. Bei dieser Reaktion wird Energie frei. Zusätzlich bleibt Wasserstoff zurück, der sich in einem Wasserstoff-Luft-Gemisch ebenfalls entzünden kann.

Seite 32–33: Stoffumwandlung – chemische Reaktion

1 Nenne Lebensbereiche, in denen chemische Reaktionen für den Menschen wichtig sind.
Offene Aufgabenstellung, z. B.: Lebensmittelzubereitung, Mobilität, Energieerzeugung, Medizin

2 Benenne Prozesse aus der Alltagssprache, die bleibende stoffliche Veränderungen hervorrufen (z. B. braten).
Offene Aufgabenstellung, z. B.: Braten, Kochen, Toasten, Verbrennen, Sauer werden, Vergären, Verdauen, Anlaufen, Faulen, Rosten, Löschen mit dem Tintenkiller, Ätzen

3 Entscheide, ob es sich um chemische Reaktionen handelt, und begründe: Schmelzen von Eis, Grillen von Fleisch, Lösen von Zucker in Wasser, Faulen von Obst, Entzünden und Löschen einer Kerze, Herstellen von Joghurt.
Schmelzen von Eis ist keine chemische Reaktion. Es ändert sich nur der Aggregatzustand des Stoffs Wasser von fest zu flüssig (physikalischer Vorgang).
Grillen von Fleisch ist eine chemische Reaktion, da das Fleisch seine Farbe, seinen Geschmack und seine Beschaffenheit ändert. Neue Stoffe entstehen z. B. auch mit den geschmacksverändernden Aromen.
Lösen von Zucker in Wasser ist keine chemische Reaktion. Durch Verdampfen des Wassers kann Zucker ohne weiteres zurückerhalten werden. Der Lösevorgang ist ebenfalls ein physikalischer Vorgang.
Beim Faulen von Obst finden chemische Reaktionen statt. Das Obst wird ungenießbar durch das Entstehen von neuen Stoffen mit fauligem Geschmack und verdorbenem Aussehen.
Bei einer brennenden Kerze finden chemische Reaktionen statt. Das Kerzenwachs wird in andere Stoffe umgewandelt. Eine Kerze wird mit der Zeit immer kürzer. Beim Löschen der Kerze stoppt die Stoffumwandlung.
Zum Herstellen von Joghurt wird Milch als Ausgangsstoff verwendet. Unter dem Einfluss von Milchsäurebakterien entsteht durch Stoffumwandlung Joghurt.

4 Notiere fünf verschiedene Vorgänge aus dem Alltag, von denen du annimmst, dass es sich um chemische Reaktionen handelt. Begründe jeweils.
Offene Aufgabenstellung, z. B.: das Braten von Fleisch ist eine chemische Reaktion, da sich die Farbe, der Geschmack und das Aroma des Fleischs verändert. Dasselbe gilt für das Rösten von Marshmallows über einer Flamme oder das Toasten von Weißbrot. Bei der Verdauung von Nahrungsmitteln werden die Lebensmittelbestandteile in körpereigene Stoffe umgewandelt. Deshalb handelt es sich hierbei ebenfalls um eine chemische Reaktion. Werden Milchprodukte sauer, zersetzen Milchsäurebakterien Bestandteile der Milch, d. h. es werden Stoffe umgewandelt.

5 Erläutere, warum es sich bei den genannten Beispielen im Text tatsächlich um chemische Reaktionen handelt.
Bei allen im Text genannten Beispielen handelt es sich um chemische Reaktionen, da sie Stoffumwandlungen beschreiben. Aus einem Ausgangsstoff entstehen nach dem Ende der Reaktion neue Stoffe mit anderen Eigenschaften.

6 Gusseisen, Glas und Kalkmörtel sind technisch hergestellte Produkte. Ihre Herstellung beruht auf Stoffumwandlungen. Finde heraus, welche Stoffe dazu umgewandelt wurden.
Gusseisen: Eisenerz, Koks, Zuschläge und Luft
Glas: Quarzsand, Soda
Kalkmörtel: Kalkstein bzw. gebrannter Kalk, Sand und Wasser

Seite 34–35: Verbrennung – eine chemische Reaktion

1 Weise nach, dass Oxidationen chemische Reaktionen sind.
Chemische Reaktionen sind Vorgänge der Stoffumwandlung, begleitet von Energieumwandlungen. Bei einer Oxidation reagiert ein Stoff mit Sauerstoff zu einem Oxid. Es tritt eine Stoffumwandlung ein. Oxidationen sind auch von Energieumwandlungen begleitet. Deshalb sind Oxidationen chemische Reaktionen.

2 Vergleiche das Verbrennen von Kohle mit dem Verrosten eines Fahrrads. Gib Unterschiede und Gemeinsamkeiten an.
Verbrennen und Verrosten sind chemische Reaktionen und gehören zu den Oxidationen. Verbrennen verläuft schnell unter Wärme- und Lichtabgabe. Verrosten erfolgt sehr langsam bei kaum wahrnehmbarer Wärmeabgabe. Es treten dabei keine Lichterscheinungen auf.

3 **In vielen Zeitschriften kann man lesen, dass Nährstoffe im Organismus verbrannt werden. Weise nach, dass diese Behauptung falsch ist.**
Verbrennungen sind schnell ablaufende chemische Reaktionen, bei denen ein Stoff mit dem Element Sauerstoff unter Entwicklung hoher Temperaturen und Lichterscheinungen reagiert. Verbrennungen gehören zu den Oxidationen. Viele Nährstoffe werden im Organismus durch Oxidationsreaktionen umgesetzt. Die anderen Merkmale einer Verbrennung treten dabei aber nicht auf. Deshalb ist die Behauptung falsch.

Seite 38–39: Energie bei chemischen Reaktionen

1 Entscheide, welche der selbst untersuchten chemischen Reaktionen exotherm und welche endotherm sind. Benenne für die exothermen Reaktionen auch die Form der Aktivierung.
Exotherm: Calciumoxid mit Wasser, weißes Kupfersulfat mit Wasser, Reaktion von Zink mit Iod, Kupfersulfat mit Zinkpulver
Endotherm: Reaktion von blauem Kupfersulfat zu weißem, Kaliumchlorid und wasserhaltiges Natriumsulfat
Die exothermen Reaktionen werden jeweils durch die Wärme der Umgebung aktiviert.

2 **„Nicht jede Energieumwandlung ist eine chemische Reaktion." Nimm Stellung zu dieser Aussage und beziehe dich dabei auch auf ▸ 4.**
Die Aussage ist korrekt. Das Antreiben einer Turbine und die daraus gewonnene elektrische Energie ist eine Umwandlung von thermischer in mechanische und anschließend in elektrische Energie. Eine Stoffumwandlung findet bei diesen Schritten nicht statt.

3 Nenne Formen der Aktivierung für eine Knallerbse.
Werfen (Bewegungsenergie), Reiben (thermische Energie), Erhitzen (thermische Energie)

Seite 40–41: Chemie erlebt – Licht, Strom, Bewegung – Begleiter chemischer Reaktionen

1 Finde Beispiele für Licht aus Verbrennungsprozessen und Beispiele für kaltes Licht.
Licht aus Verbrennung: Verbrennung von Benzin, Magnesium oder Holz
Kaltes Licht: Knicklichter, Biolumineszenz (Qualle, Algen, Leuchtkäfer wie das Glühwürmchen)

2 **Erstelle eine Anleitung zum Gebrauch der Blitzlichtlampe.**
- Sockel mit Magnesiumpulver füllen.
- Dauerflamme entzünden.
- Handblasebalg bedienen, damit das Magnesiumpulver in die Dauerflamme gewirbelt wird und sich vor dem Streuspiegel entzündet.

3 **Entwickle eine beschriftete Zeichnung des ersten Verbrennungsmotors. Kennzeichne durch Pfeile, welche Teile beweglich sind.**

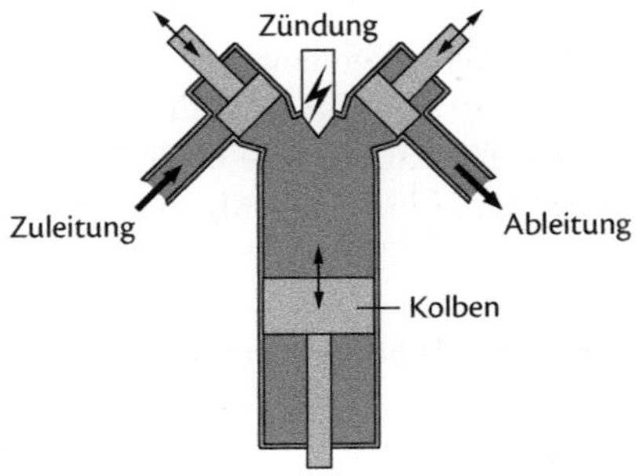

4 **Erläutere, wie die selbst gebaute Minirakete funktioniert.**
Die Brausetablette reagiert mit dem Wasser in der Filmdose. Dabei entsteht ein Gas. In der verschlossenen Dose bildet sich ein Überdruck, weil das Gas nicht entweichen kann. Überschreitet dieser Druck ein bestimmtes Maß, wird die Dose schlagartig aufgedrückt. Das Gas dehnt sich aus und der Rückstoß lässt die Dose abheben.

Seite 42–44: Chemische Reaktionen unter der Lupe

1 Beschreibe die Anordnung und die Darstellung der Atome im Gold. Nutze dazu ▸ 4 und ▸ 5. (Seite 43)
Die Abbildung 4 zeigt, dass die Goldatome regelmäßig angeordnet sind und sich berühren. Zwischen ihnen ist leerer Raum. Die Form ist annähernd rund. Abbildung 5 zeigt die Modellvorstellung eines Goldatoms als Kugel. Das Goldatom unterscheidet sich in seiner Größe (und Masse) von anderen Atomarten. Das Goldatom ist zudem farbig dargestellt. In der Realität haben Atome allerdings keine Farbe.

2 Erläutere an einem Beispiel die Umkehrbarkeit von chemischen Reaktionen. Nutze das Atommodell von Dalton. (Seite 43)

Silbersulfid ist durch die Reaktion von Silber mit Schwefel entstanden. Es besteht aus regelmäßig abwechselnd angeordneten Silber- und Schwefelatomen. Diese sind bei der Reaktion erhalten geblieben und nur umgruppiert. Um die Reaktion rückgängig zu machen, müssen die Atome durch Energiezufuhr wieder umgruppiert werden (Rückreaktion).

3 Entscheide und begründe, ob Atome eine Farbe haben (▸ 5). (Seite 43)

Nach Dalton haben die Atome eine Masse und ein Volumen, jedoch keine Farbe. Viele Atome zusammen bestimmen die Stoffeigenschaften und damit auch die Farbe eines Stoffes. Aus diesem Grund hat die Verbindung Silbersulfid eine andere Farbe als die beiden Ausgangsstoffe. Sie entspricht auch nicht der Mischfarbe der beiden Komponenten.

1 Nimm begründet Stellung zu folgenden Aussagen: (Seite 44)

a Die Atome des Reaktionsprodukts bilden sich bei einer Reaktion aus den Atomen der Ausgangsstoffe.

Die Aussage ist falsch. Die Atome bleiben unverändert. Im Edukt und im Produkt sind sie lediglich anders angeordnet, also umgruppiert. Sie können weder erschaffen noch zerstört werden.

b Die Atome vermehren sich bei einer chemischen Reaktion.

Die Aussage ist falsch. Da die Atome nicht neu erschaffen werden können, können sie sich auch nicht vermehren.

c Die Atome eines Elements sind gleich.

Die Aussage ist richtig. Alle Schwefelatome beispielsweise haben die gleiche Masse und die gleiche Größe.

2 Begründe, ob die Anordnung der Atome bei der Bildung von Eisensulfid oder bei der Bildung des Eisen-Schwefel-Gemischs erhalten bleibt. (Seite 44)

Im Gemisch bleibt die Gruppierung der Atome erhalten, lediglich größere Verbände (z. B. Krümel) ordnen sich anders an. Sie sind durch Trennverfahren, z. B. durch einen Magneten, wieder trennbar. Im Eisensulfid sind die Atome umgruppiert. Sie sind nicht physikalisch trennbar.

3 Erläutere, weshalb man in der Chemie zwischen der Stoffebene und der Teilchenebene unterscheidet. (Seite 44)

Die Stoffebene zeigt die tatsächlich erfassbaren Phänomene, während die Teilchenebene hingegen eine Modellvorstellung ist, um diese Phänomene zu deuten. So kann die Eigenschaft Farbe durch die Anordnung und Art der Teilchen erklärt werden, jedoch haben die Teilchen im Modell selbst keine Farbe. Ohne Trennung zwischen Stoff- und Teilchenebene wären Kupferatome rot (Stoffebene), aber die blauschwarze Farbe des Kupfersulfids könnte nicht erklärt werden.

Seite 45: Erkennen chemischer Reaktionen

1 Ordne die Merkmale der chemischen Reaktion den Einzelbildern (▸ 1) zu und begründe.

Bild 1–4: Stoffumwandlung: permanente Änderung von Stoffeigenschaften (Farbe der Stoffe)

Bild 2: Aktivierung

Bild 3: Energieumwandlung: Chemische Energie wird in thermische Energie und Lichtenergie umgewandelt.

2 Erkläre auf Stoff- und Teilchenebene, weshalb es sich bei Kupfersulfid um einen neuen Reinstoff handelt.

Stoffebene: Einheitliche Stoffeigenschaften wie Farbe, Beschaffenheit, Aggregatzustand

Teilchenebene: Atome sind regelmäßig angeordnet und berühren sich, sind umgruppiert und nicht durch Trennverfahren trennbar (Teilchen fest in der jeweiligen Anordnung)

3 Entscheide und begründe, dass es sich um eine chemische Reaktion handelt:

a Entzünden von Holz in einem Kamin

Ja, Holz reagiert unter Abgabe von Licht und Wärme (Energieumwandlung) zu neuen Stoffen (z. B. Asche). Es findet eine Stoffumwandlung statt.

b Vergärung von Fruchtsäften

Ja, da eine Stoffumwandlung vom Fruchtsaft stattgefunden hat. Erkennbar ist dies in diesem Fall an dem veränderten Geruch durch die Zersetzung.

4 Erläutere, warum auch die Zerlegung von Silbersulfid eine chemische Reaktion ist.

Bei der Zerlegung von Silbersulfid in Silber und Schwefel handelt es sich um eine Stoffumwandlung. Der Stoff Silbersulfid ist nach der Reaktion nicht mehr vorhanden. Schwefel und Silber sind entstanden. Außerdem findet eine Energieumwandlung statt, da thermische in chemische Energie umgewandelt wird.

Seite 46–47: Chemische Reaktion und Zeit

1 Schon im Altertum wurden Weintrauben und süße Flüssigkeiten vergoren, ohne dass die Menschen etwas von den Reaktionsbedingungen wussten. Erläutere.
Bei der Weinbereitung aus Weintrauben und süßen Flüssigkeiten handelt es sich vermutlich um eine zufällige Entdeckung. Aber man fand bereits im Altertum heraus, dass beim Vergären der Früchte der Zutritt von Luft vermieden werden musste, dass Wärme den Vorgang beschleunigte und der Zucker der Früchte in Alkohol umgewandelt wurde.

2 Nenne jeweils sechs Beispiele zu schnellen und zu langsamen chemischen Reaktionen.
Offene Aufgabenstellung.
schnell: Eisenwolle und Magnesiumband reagieren mit Sauerstoff, Magnesium reagiert mit Salzsäure, Zink und Kupfer reagieren mit Schwefel, ein Feuerwerk brennt ab, Erdgas verbrennt, Benzin verbrennt im Motor
langsam: Eisen rostet, Silber läuft an, Nahrung wird verdaut, Eisen reagiert mit Salzsäure, Haare werden blondiert, Selbstbräuner reagiert, Milch wird sauer, Kerzenwachs verbrennt

3 Beschreibe ► 4 mit eigenen Worten.
Aus dem Energiediagramm ist zum einem ablesbar, dass die Energie der Teilchen der Ausgangsstoffe vor der Reaktion größer ist als die Energie der Teilchen in den Reaktionsprodukten. Die Differenz wird z. B. als Wärme während der Reaktion freigesetzt. Zudem erkennt man, dass durch die Verwendung eines Katalysators die Aktivierungsenergie für die Reaktion verringert werden kann: Die aktivierten Teilchen bei einer Reaktion mit Katalysator haben eine geringere Energie als die aktivierten Teilchen ohne Katalysator.

Seite 48–49: Chemische Reaktionen auf der Waage

1 Ein Kuchen ist leichter als der Kuchenteig vor dem Backen. Formuliere eine Vermutung, ob beim Kuchenbacken das Gesetz von der Erhaltung der Masse gilt oder nicht gilt.
Beim Kuchenbacken entweichen durch die hohen Temperaturen u. a. Wasser als Wasserdampf und Kohlenstoffdioxid. Dadurch ist der fertige Kuchen leichter als der Kuchenteig. Auch hier gilt das Gesetz von der Erhaltung der Masse. Da aber nicht alle Reaktionsprodukte bzw. entweichenden Stoffe aufgefangen und gewogen werden können, lässt sich das nicht feststellen.

2 Erläutere den Zusammenhang, der zwischen dem Gesetz von der Erhaltung der Masse und den Teilchen der reagierenden Stoffe besteht anhand von ► 3.
Bei chemischen Reaktionen bleibt die Anzahl der gebundenen Teilchen der in den Ausgangsstoffen und in den Reaktionsprodukten enthaltenen Elemente gleich. Die 14 Eisen- und 14 Schwefelatome finden sich nach der Reaktion im Eisensulfid in anderer Anordnung wieder. Da die Anzahl aller Teilchen die Masse bestimmt, ändert sich bei gleichbleibender Anzahl der Teilchen während einer chemischen Reaktion auch die Masse nicht.

3 Stelle eine Vermutung auf, wieso die verbrannte Eisenwolle schwerer ist als die reine Eisenwolle (► 1).
Das Gesetz von der Erhaltung der Masse gilt bei allen chemischen Reaktionen. Es ist daher zu vermuten, dass die verbrannte Eisenwolle mit einem (nicht sichtbaren) Reaktionspartner, z. B. der Luft oder Sauerstoff, reagiert hat und eine neue schwerere Verbindung gebildet hat.

4 Erläutere an einem selbst gewählten Beispiel das Gesetz von der Erhaltung der Masse.
Das Gesetz von der Erhaltung der Masse besagt, dass z. B. bei der Reaktion von Kupfer mit Schwefel zu Kupfersulfid die Ausgangsstoffe Kupfer und Schwefel vor der Reaktion genauso viel wiegen wie das Reaktionsprodukt Kupfersulfid.
$m(\text{Kupfer}) + m(\text{Schwefel}) = m(\text{Kupfersulfid})$

5 Informiere dich in verschiedenen Quellen, z. B. im Internet, über Leben und Werk von Michail Wassiljewitsch Lomonossow und fertige über diese Persönlichkeit ein Poster an.
Offene Aufgabenstellung. Lomonossow, Michail Wassiljewitsch (1711 bis 1765): Professor für Chemie, St. Petersburg und Moskau. Arbeitsgebiete: Beziehungen zwischen Energie und Materie, Betrachtungen zur Atomistik, Beziehungen zwischen physikalischen und chemischen Eigenschaften von Stoffen, Technologie der Gläser, Metallurgie, Theorien zur Funktion der Sinnesorgane und zur Ursache von Krankheiten, Entdeckung der Venusatmosphäre. Lomonossow war auch Mitgründer der Universität Moskau (1755), Dichter, Historiker und Grammatiker.

Seite 52–53: Weitergedacht

Material A: Die Solfatara

1 Formuliere eine Wortgleichung zu dem beschriebenen chemischen Vorgang im Text (► A1).
Silber (s) + Schwefel (s) → Silbersulfid (s) | exotherm

2 Mit einem einfachen Experiment könnte man das entstandene Reaktionsprodukt wieder zerlegen. Skizziere einen Versuchsaufbau.

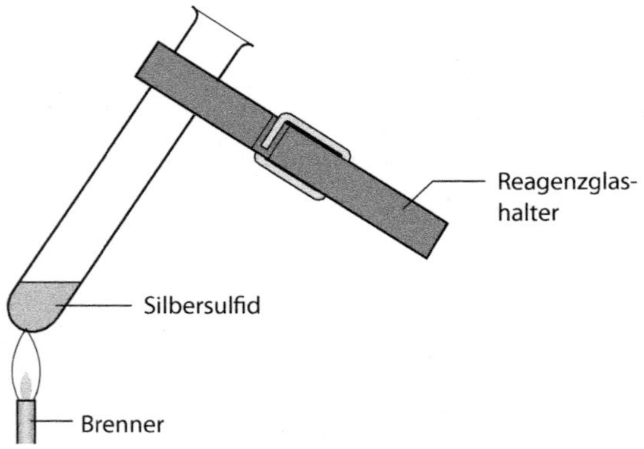

Hilfe: Für das Experiment benötigt man nur Reagenzglas und Reagenzglashalter sowie einen Bunsenbrenner.

3 Aluminiumdosen von Getränken behalten auch nach Jahren in der Schwefeldampfsauna ihr ursprüngliches Aussehen.

a Erläutere anhand des Energiediagramms (► A2).

Vor der Reaktion haben die Ausgangsstoffe Aluminium und Schwefel eine bestimmte chemische Energie. Um das Reaktionsprodukt Aluminiumsulfid zu bilden, muss Aktivierungsenergie zugeführt werden. Dadurch erreichen die Ausgangsstoffe den aktivierten Zustand. Die chemische Energie des Reaktionsprodukts Aluminiumsulfid ist geringer als die chemische Energie der Ausgangstoffe. Das Diagramm zeigt, dass relativ viel Aktivierungsenergie zugeführt werden muss. In der Schwefeldampfsauna ist nicht genügend thermische Energie vorhanden, um die Ausgangsstoffe in den reaktionsbereiten Zustand zu versetzen. Die Reaktion kann in der Schwefeldampfsauna von alleine nicht ablaufen.

b Übertrage das Diagramm in dein Heft und ergänze die Angaben für die Reaktion von Silber mit Schwefel. Nutze dazu die Hinweise im Text.

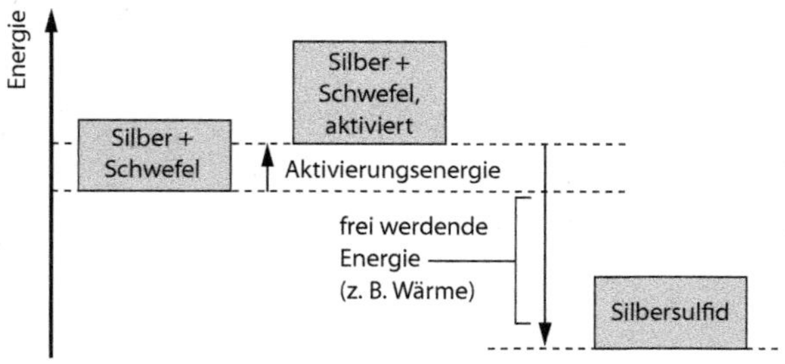

Material B: Ein chemischer Feuchteanzeiger

1 Formuliere eine Wortgleichung zum im Text beschriebenen Vorgang.

wasserfreies Cobaltchlorid + Wasser → wasserhaltiges Cobaltchlorid

oder

wasserhaltiges Cobaltchlorid → wasserfreies Cobaltchlorid + Wasser

2 Vergleiche die Eigenschaften der Ausgangsstoffe und Reaktionsprodukte.

Eigenschaft	Ausgangsstoffe		Reaktionsprodukte
	wasserfreies Cobaltchlorid	**Wasser**	**wasserhaltiges Cobaltchlorid**
Aggregatzustand	fest	flüssig	fest
Farbe	blau	farblos	rosa

3 Begründe, ob eine Farbänderung zu erwarten ist, wenn man eine solche Figur direkt auf eine Heizung stellt.

Die Figur wird die Farbe von rosa nach blau ändern. Durch die Wärme der Heizung verdunstet das Wasser, sodass aus dem wasserhaltigen Cobaltchlorid das wasserfreie Cobaltchlorid entsteht.

Material C: Natürlich blond?

1 Nenne Merkmale, mit denen man belegen kann, dass es sich beim Blondieren um eine chemische Reaktion handelt (► C1).

Schon beim Herstellen der Creme kann einer Erwärmung, die auf eine Energieumwandlung hindeutet, beobachtet werden. Beim Blondieren findet eine Stoffumwandlung statt: Die Farbe und die Beschaffenheit des Haars verändern sich dauerhaft.

Hilfe: Chemische Reaktionen sind gekennzeichnet durch Stoff- und Energieumwandlung.

2 Diskutiere die Rolle des Wärmestrahlers. Erläutere anhand der Abbildung, was während des Blondierens geschieht (► C2).

Der Wärmestrahler kann zwei Funktionen einnehmen: Die meisten Stoffumwandlungen verlaufen bei höheren Temperaturen schneller, sodass die Wärme des Strahlers das Blondieren beschleunigt. Das Blondieren könnte auch eine endotherme Reaktion sein, die erst durch die Energie des Wärmestrahlers ermöglicht wird.

Während des Blondierens reagieren die dunklen Pigmente des Haars mit der Blondierungscreme und werden dabei in farblose Stoffe umgewandelt, sodass das Haar insgesamt deutlich heller aussieht.

3 Stelle eine begründete Vermutung darüber auf, wie es bei einer Blondierung auch zu einem rotstichigen Farbton des Haars kommen kann.
Beim Blondieren werden die dunklen Farbpigmente des Haars nach und nach zerstört. Zu einem roten Farbton kann es kommen, wenn die Creme zu früh ausspült oder zu wenig Creme verwendet wird, sodass in beiden Fällen zu wenig dunkle Farbpigmente zerstört wurden.

Hilfe: Chemische Reaktionen laufen unterschiedlich schnell ab.

Material D: Rosten von Eisen

1 Begründe, in welchem der drei Reagenzgläser (A, B oder C) die Rostbildung am schnellsten abgelaufen ist.
Die Rostbildung verläuft im Reagenzglas A am schnellsten. Der Wasserspiegel in diesem Reagenzglas ist am höchsten. Da beim Rosten Sauerstoff verbraucht wird, verringert sich das Gasvolumen im Reagenzglas. Dadurch wird das Wasser aus der Wanne angesaugt.

2 Nenne Namen und Eigenschaften des Reaktionsprodukts.
Das Reaktionsprodukt heißt Eisenoxid (Rost). Es ist ein fester, brauner und poröser Stoff, der unlöslich in Wasser ist.

3 Die Eisenwolle in den drei Reagenzgläsern wurde zuvor unterschiedlich behandelt:
- **Eine Stoffprobe wurde kurz in destilliertes Wasser getaucht.**
- **Eine Stoffprobe wurde kurz in Salzwasser getaucht.**
- **Eine Stoffprobe wurde mit Fahrradöl behandelt.**

Ordne die Beschreibungen den Proben A, B und C zu. Begründe.

Beschreibung	Reagenzglas	Begründung
Behandlung mit Salzwasser	A	Zum Rosten wird neben Sauerstoff auch Wasser benötigt. Je mehr Salz im Wasser enthalten ist, desto schneller rostet das Eisen.
Behandlung mit destilliertem Wasser	C	Aufgrund des fehlenden Salzes im Wasser rostet das Eisen langsamer als im Reagenzglas A. (Das Wasser ist im Glasrohr etwas nach oben gestiegen.)
Behandlung mit Fahrradöl	B	Fahrradöl verhindert den Kontakt von Sauerstoff und Wasser mit der Eisenoberfläche; das Rosten wird damit verhindert. (Das Wasser ist nicht in das Glasrohr gestiegen.)

4 Leite aus den Experimenten Bedingungen ab, die das Rosten von Eisengegenständen in der Umwelt begünstigen.
Rosten wird besonders an feuchter Luft begünstigt. Da gelöste Salze im Wasser das Rosten beschleunigen, können besonders Eisengegenstände im Meerwasser bzw. an der Meeresküste schnell rosten.

5 Formuliere Maßnahmen, die zur Vermeidung von Rostbildung ergriffen werden können.
Als Rostschutz sind alle Maßnahmen geeignet, die den Kontakt von Sauerstoff und Wasser mit der Eisenoberfläche unterbinden. Dies ist möglich durch:
- Einölen der Eisenoberfläche
- Lackieren von Eisengegenständen mit Rostschutzfarben
- Galvanisieren (dabei wird die Eisenoberfläche mit einem schützenden Metall, z. B. Zink, Zinn oder Chrom überzogen)
- Kunststoffüberzüge
- Verwendung von rostfreien Edelstählen anstelle von Eisen oder einfachem Stahl

Periodensystem der Elemente und Atombau

Seite 56: Periodensystem der Elemente

1 Gib jeweils die Namen der Elemente mit folgenden Symbolen im PSE an: N, P, Br, H, K, Ca, F, Ne und As. Ordne nach Metallen und Nichtmetallen.
Metall: Kalium (K), Calcium (Ca), Arsen (As)
Nichtmetall: Stickstoff (N), Phosphor (P), Brom (Br), Wasserstoff (H), Fluor (F), Neon (Ne)

2 Gib die Symbole der Elemente Kohlenstoff, Natrium, Schwefel, Kalium, Gallium und Krypton an. Bestimme jeweils Ordnungszahl, Gruppe und Periode.

Name	Symbol	Ordnungszahl	Gruppe	Periode
Kohlenstoff	C	6	IV	2
Natrium	Na	11	I	3
Schwefel	S	16	VI	3
Kalium	K	19	I	4
Gallium	Ga	31	III	4
Krypton	Kr	36	VIII	4

Seite 57: Chemie erlebt – So entstand das Periodensystem – die „Entdeckung" von Elementen am Schreibtisch?

1 Berechne in Döbereiners Triade Chlor-Brom-Iod den Mittelwert der Atommassen der beiden Elemente Chlor und Iod und vergleiche ihn mit der Atommasse von Brom.

Element	Atommasse in u	Mittelwert der Atommassen von Chlor und Iod in u
Chlor	35,45	
Brom	79,90	81,18
Iod	126,90	

Der Mittelwert der Atommassen von Chlor und Iod stimmt etwa mit der Atommasse von Brom überein.

Seite 58–59: Bau des Atoms

1 Erläutere die Ergebnisse des Streuversuchs mithilfe der Modelldarstellung (► 3).
Nach dem Kern-Hülle-Modell ist nur ein sehr kleiner Teil des Atoms massiv: der Atomkern. Die Wahrscheinlichkeit ist daher sehr gering, dass Alpha-Strahlung direkt auf diesen Kern trifft und zurückgeworfen wird. Da Atomkern und Alpha-Strahlung positiv geladen sind, kommt es bei einem Teil der Strahlung zur Ablenkung aus der geradlinigen Flugbahn aufgrund der Abstoßungskräfte zwischen den gleichnamigen Ladungen.

2 Erkläre mit dem Kern-Hülle-Modell, warum Atome elektrisch neutral sind.
Im Atomkern befinden sich immer genauso viele positive Ladungen, wie sich negativ geladene Teilchen (Elektronen) in der Atomhülle befinden. Dadurch gleichen sich die Ladungen gegenseitig aus.

3 Zeichne das Kern-Hülle-Modell von Neon (Ordnungszahl 10).

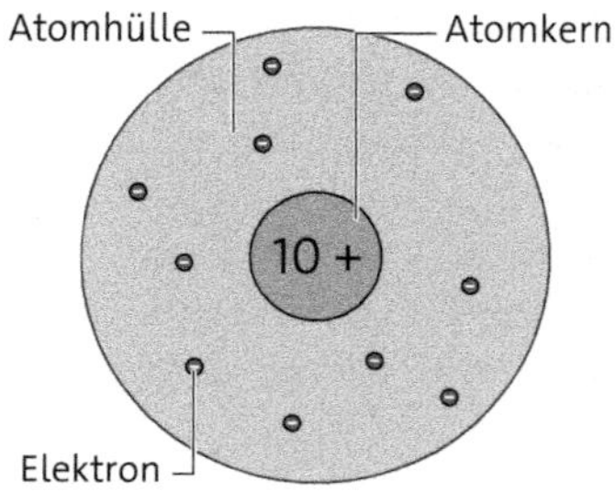

4 Berechne, wie groß ein Atom wäre, wenn der Kern die Größe eines Fußballs hätte (Ø 22 cm).
Der Durchmesser eines Atoms ist ungefähr 10 000-mal größer als der Durchmesser seines Kerns. Hätte der Atomkern die Größe eines Fußballs (22 cm), dann hätte das ganze Atom einen Durchmesser von
10 000 · 22 cm = 220 000 cm = 2,2 km.

Seite 60–61: Der Atomkern

1 Gib an, welche Informationen sich den folgenden Angaben entnehmen lassen: $^{12}_{6}C$, $^{20}_{10}Ne$, $^{63}_{29}Cu$.

Isotop	$^{12}_{6}C$	$^{20}_{10}Ne$	$^{63}_{29}Cu$
Elementname	Kohlenstoff	Neon	Kupfer
Ordnungszahl	6	10	29
Massenzahl	12	20	63
Protonen	6	10	29
Neutronen	6	10	34
Elektronen	6	10	29

2 Gib in einer Tabelle die Ordnungszahl, die Kernladungszahl, die Massenzahl, die Zahl der einzelnen Elementarteilchen sowie die Symbolschreibweise für die Atome der Elemente der zweiten Periode an.

				Anzahl		
Name	**Symbol**	**Ordnungszahl**	**Massenzahl**	**Protonen**	**Neutronen**	**Elektronen**
Lithium	Li	3	7	3	4	3
Beryllium	Be	4	9	4	5	4
Bor	B	5	11	5	6	5
Kohlenstoff	C	6	12	6	6	6
Stickstoff	N	7	14	7	7	7
Sauerstoff	O	8	16	8	8	8
Fluor	F	9	19	9	10	9
Neon	Ne	10	20	10	10	10

3 Begründe, warum die Angabe der Kernladungszahl bei der Symbolschreibweise wegelassen werden kann (z. B. ^{35}Cl statt $^{35}_{17}Cl$).
Die Kernladungszahl beschreibt die Anzahl der Protonen im Atomkern. Bei verschiedenen Isotopen bleibt die Anzahl der Protonen bei einem Element immer gleich. Sie ist für ein Element charakteristisch, d.h. durch die Angabe des Elementsymbols kann die Kernladungszahl z.B. aus der Ordnungszahl geschlossen werden. Somit braucht man zur eindeutigen Charakterisierung eines Isotops nur die Massenzahl.

4 Recherchiere, welche Isotope des Urans existieren. Stelle die Angaben (Atommasse, Massenzahl, Kernladungszahl, relative Häufigkeit) tabellarisch dar.
Isotope des Urans, die bei der Bildung der irdischen Materie entstanden sind:

	Atommasse	Massezahl	Kernladungszahl	Relative Häufigkeit
$^{234}_{92}U$	234 u	234	92	0,0055 %
$^{235}_{92}U$	235 u	235	92	0,7200 %
$^{238}_{92}U$	238 u	238	92	99,2745 %

5 Berechne aus den Angaben zu den zwei Bromisotopen die durchschnittliche Atommasse in u: ^{79}Br (50,7 %; 78,9 u) und ^{81}Br (49,3 %; 80,9 u).
$m_a(Br) = 78{,}9 \text{ u} \cdot 0{,}507 + 80{,}9 \text{ u} \cdot 0{,}493 = 79{,}90 \text{ u}$

6 Recherchiere die Bedeutung und Verwendung von Deuterium und Tritium.
Deuterium: Eingesetzt wird Deuterium als Moderator in Kernreaktoren (hier in Form von schwerem Wasser), als Brennstoff in Wasserstoffbomben, als Lösungsmittel in der ^{1}H-NMR-Spektroskopie und als Tracer in der Chemie und Biologie. Außerdem soll in zukünftigen Fusionsreaktoren ein Gemisch aus Deuterium und Tritium als Brennstoff verwendet werden.
Tritium: Unter anderem in der Biologie, Chemie und Medizin wird Tritium als Tracer zur Markierung bestimmter Substanzen verwendet. Als Leuchtmittel wird gasförmiges Tritium zusammen mit einem Fluoreszenzmittel in versiegelten Borsilikatglasröhrchen verwendet. Tritium wird in bestimmten Kernfusionsreaktoren zusammen mit Deuterium als Fusionsstoff verwendet. Durch die Verwendung von Tritium sinkt die dafür notwendige Zündtemperatur auf etwa 100 Mio. °C (gegenüber 400 Mio. °C bei einer Deuterium-Deuterium-Reaktion). Tritium wird auch als Leuchtmittel, z.B. auf Uhrenzifferblättern, verwendet. Tritium ist ein entscheidender Bestandteil bestimmter Kernwaffen. Gegenwärtig wird der Einsatz von Tritium zur autarken Energieversorgung von Mikroprozessoren aus Silicium durch die Ausnutzung der beim Beta-Zerfall freiwerdenden Wärme diskutiert.

Seite 62–64: Die Atomhülle

1 Erläutere die Energiestufen für die Elektronen des Aluminiumatoms anhand einer Skizze.

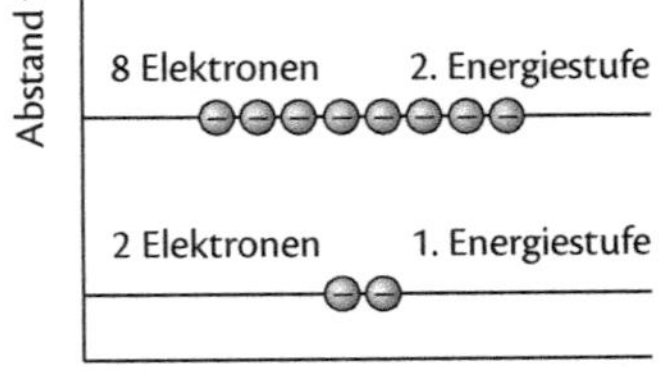

Energiestufenmodell

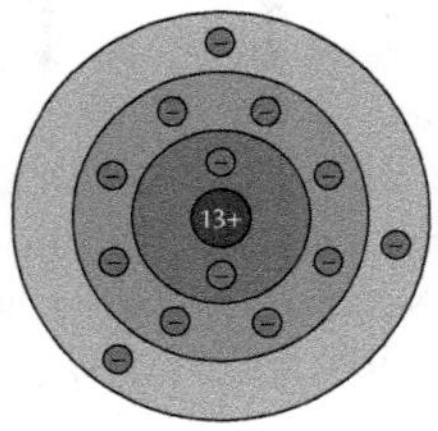

Schalenmodell

Die 13 Elektronen des Aluminiumatoms verteilen sich auf 3 Energiestufen. Auf der untersten – der kernnächsten – befinden sich 2 Elektronen und der mittleren 8 Elektronen. Beide Energiestufen (Schalen) sind somit maximal besetzt. Auf der obersten Energiestufe befinden sich 3 Elektronen. Diese 3 Elektronen bilden die Valenzschale des Aluminiumatoms und haben einen wesentlichen Einfluss auf die chemischen Eigenschaften von Aluminium.

2 Erläutere anhand des Chloratoms, wie man von der Darstellung der Ionisierungsenergie (► 3) zur Annahme von Energiestufen (► 2) kommt.

Für die Ionisierungsenergien der Chlorelektronen gilt grundsätzlich, dass mit jedem entfernten Elektron die Ionisierungsenergie ansteigt. Zwischen dem 10. und 11. sowie 2. und 3. Elektron gibt es allerdings größere Sprünge. Beim Energiestufenmodell sind jeweils 2, 8 bzw. 7 Elektronen zu einer gemeinsamen Energiestufe zusammengefasst, dabei gilt: Je größer der Abstand vom Kern, desto geringer ist auch die Energie, die zum Abspalten der Elektronen auf dieser Energiestufe aufgebracht werden muss. Die Energiestufen entsprechen dabei gerade den Sprüngen in den Ionisierungsenergien der Chlorelektronen, d. h., alle Elektronen mit einer ähnlichen Ionisierungsenergie werden einer Energiestufe zugeordnet, wobei die 2 Elektronen mit der höchsten Ionisierungsenergie der ersten Energiestufe zugeordnet werden, die folgenden 8 Elektronen der zweiten Energiestufe und die letzten 7 der dritten Energiestufe.

3 Vergleiche das Kern-Hülle-Modell mit dem Schalenmodell der Atomhülle.
Erläutere dabei, warum man das Schalenmodell als Erweiterung betrachten kann.

Kern-Hülle-Modell: Die positive Ladung eines Atoms ist in einem winzigen Atomkern konzentriert, die negative Ladung befindet sich in Form von Elektronen in der Atomhülle, die den Atomkern umgibt.
Schalenmodell: Die Elektronen der Atomhülle verteilen sich auf mehrere Schalen, die den Atomkern kugelförmig umgeben. Dabei bilden Gruppen von Elektronen, die sich auf einem ähnlichen Energieniveau befinden, jeweils eine Elektronenschale.
Die Erweiterung des alten Kern-Hülle-Modells wurde notwendig, weil man bei der Untersuchung der Ionisierungsenergie auf ein bestimmtes Phänomen gestoßen war: Es hat sich gezeigt, dass es jeweils Gruppen von Elektronen mit ähnlicher Ionisierungsenergie gibt, wobei sich die einzelnen Gruppen von den anderen Gruppen in der Ionisierungsenergie deutlich unterscheiden. Diese unterschiedlichen Energieniveaus der Elektronen werden als Schalen interpretiert. Die Grundidee des Kern-Hülle-Modells (positive Ladung im Atomkern und Elektronen in der Außenhülle) gilt noch immer, weshalb das Schalenmodell als eine Erweiterung angesehen wird.

1 Gib die jeweilige Elektronenanordnung für ein Lithium-, Fluor- und Neonatom an. Erläutere die Gemeinsamkeiten und Unterschiede. (Seite 64)

Element	Elektronenschale	Zahl der Elektronen
Li	K bzw. 1	2
	L bzw. 2	1
F	K bzw. 1	2
	L bzw. 2	7
Ne	K bzw. 1	2
	L bzw. 2	8

Bei den Atomen aller drei Elemente ist die innere K-Schale voll besetzt. Die äußere L-Schale ist unterschiedlich mit Valenzelektronen besetzt. Ein Neonatom besitzt ein Elektronenoktett.

2 Zeichne das jeweilige Schalenmodell für ein Calcium- und ein Kaliumatom. (Seite 64)

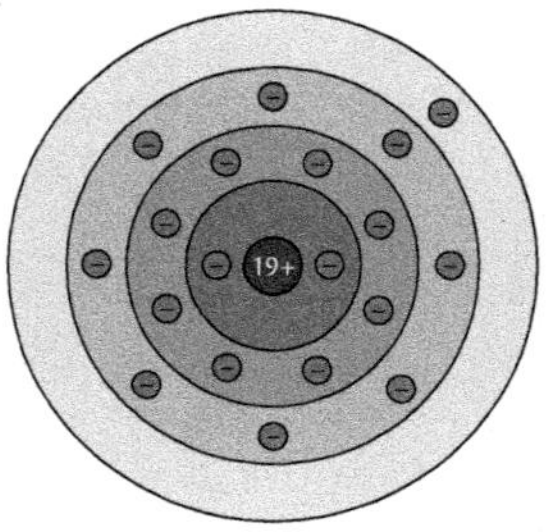

Schalenmodell des Kaliumatoms

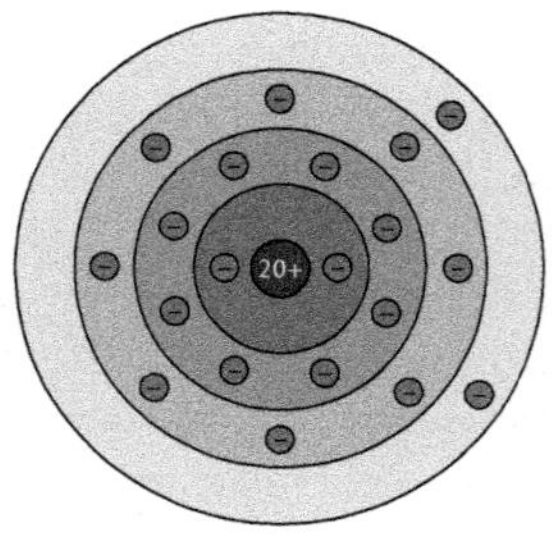

Schalenmodell des Calciumatoms

3 Gib für die Elemente Kalium, Germanium, Arsen und Selen die Elektronenschreibweise an. (Seite 64)

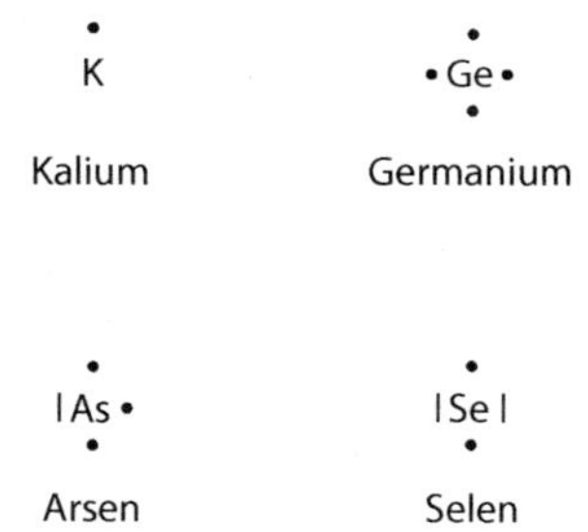

4 Erstelle für die Atome der ersten fünf Elemente der 2. Hauptgruppe die Elektronenverteilung wie in ► 2 für die Edelgasatome. Vergleiche anschließend die Elektronenverteilung und schließe eine Schlussfolgerung. (Seite 64)

Element und Symbol	Anzahl der Elektronen in der Elektronenschale					
	1	2	3	4	5	6
Beryllium (Be)	2	2				
Magnesium (Mg)	2	8	2			
Calcium (Ca)	2	8	8	2		
Strontium (Sr)	2	8	18	8	2	
Barium (Ba)	2	8	18	18	8	2

Die Atome der Elemente der 2. Hauptgruppe haben übereinstimmend 2 Elektronen auf der Außenschale (zuletzt besetzte Elektronenschale). Die Elemente der 2. Hauptgruppe zeigen deshalb ein chemisch ähnliches Verhalten.

Seite 65: Chemie erlebt – Entstehung der Elemente

1 Viele künstliche Elemente wurden nach wichtigen Persönlichkeiten aus der Wissenschaft oder dem Ort der Ersterzeugung benannt. Recherchiere mit dem PSE (▸ Anhang) nach weiteren künstlichen Elementen und finde mehr über deren Namen und Entstehung heraus.

Element (Beispiele)	Herkunft des Namens	Fundort
Bohrium	Niels Bohr (dänischer Physiker)	GSI Darmstadt, Deutschland (1981)
Seaborgium	Glenn T. Seaborg (amerikanischer Chemiker)	Kernforschungszentrum Dubna, Russland (1974)
Curium	Marie und Pierre Curie	Universität von Kalifornien, Berkeley, USA (1944)
Flerovium	Georgi Fljorov (russischer Physiker)	Kernforschungszentrum Dubna, Russland (1999)
Hassium	Hassia (lateinisch für Hessen)	GSI Darmstadt, Deutschland (1984)

Seite 66–67: Vom Atombau zum Periodensystem der Elemente

1 Erläutere die Elektronenverteilung bei Atomen als Ordnungsprinzip des Periodensystems für die Elemente der 2. und 3. Periode.

Elemente der 2. Periode: Die innere K-Schale ist jeweils mit zwei Elektronen voll besetzt. Auf die äußere L-Schale passen acht Elektronen. Vom Lithium bis zum Neon kommt mit jedem Element jeweils ein Elektron auf der L-Schale hinzu. Die Nummer der Hauptgruppe des betreffenden Elements entspricht der Anzahl der Valenzelektronen auf der äußeren Schale. So steht z. B. Lithium in der I. Hauptgruppe; ein Lithiumatom besitzt ein Valenzelektron auf der L-Schale. Stickstoff steht in der V. Hauptgruppe, seine Atome besitzen jeweils fünf Valenzelektronen. Neonatome besitzen mit acht Elektronen eine voll besetzte Außenschale. Daher sind die Atome des Edelgases Neon besonders stabil.

Elemente der 3. Periode: Die innere K-Schale der Atome ist jeweils mit zwei Elektronen voll besetzt, die mittlere L-Schale jeweils mit acht Elektronen. Die äußere M-Schale der Atome wird mit Elektronen gefüllt, beginnend mit Natrium mit nur einem Elektron bis hin zum Argon, dessen Atome mit acht Elektronen eine stabile Edelgaskonfiguration besitzen.

2 Zeichne ein Schalenmodell der Atomhülle des Elements, das in der 5. Hauptgruppe in der 3. Periode steht. Benenne das Element.

Es handelt sich um das Element Phosphor.

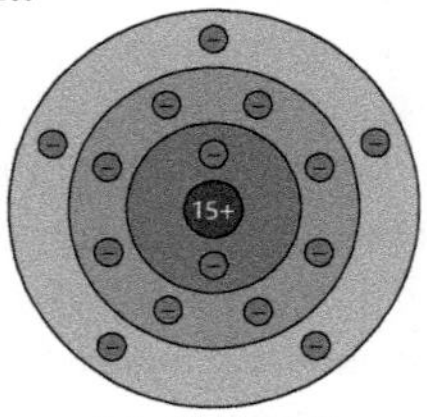

Schalenmodell des Phosphoratoms

3 Beschreibe ▸ 5. Gib Tendenzen für die Atomradien der Elemente im Periodensystem an. Nenne Ursachen dafür.

In der Abbildung sind die Atomradien der Hauptgruppenelemente bis zur 4. Periode dargestellt. Innerhalb einer Gruppe nimmt der Radius von oben nach unten zu, da mit jedem weiteren Element eine neue Schale hinzukommt. Innerhalb einer Periode nimmt der Radius von links nach rechts ab, da die Elektronen aufgrund der zunehmenden Kernladung stärker angezogen werden. Dieser Effekt nimmt mit zunehmender Zahl der Schalen ab.

4 Alkalimetalle reagieren heftig mit Sauerstoff. Versuche das zu begründen.

Alle Elemente der I. Hauptgruppe besitzen ein Elektron auf der äußeren Schale. Durch die Abgabe des Valenzelektrons erreichen die Atome der Alkalimetalle eine stabile Edelgaskonfiguration. Das Sauerstoffatom besitzt sechs Valenzelektronen. Mit der Aufnahme zweier weiterer Elektronen wird ein stabiles Elektronenoktett erreicht.

Seite 68: Die vierte Hauptgruppe – vom Kohlenstoff zum Blei

1 Entscheide, ob die Elemente der vierten Hauptgruppe eine gemeinsame Elementfamilie bilden (► 1, 2). Begründe deine Wahl.
Obwohl die Atome der Elemente der vierten Hauptgruppe alle 4 Valenzelektronen besitzen, bilden sie keine Elementfamilie im eigentlichen Sinn, da sie sich in ihren Eigenschaften stark unterscheiden: Kohlenstoff (Diamant) ist ein typisches Nichtmetall, während Blei ein Metall ist.

2 Blei zeigt typische metallische Eigenschaften, Silicium nicht. Begründe mit dem Atombau.
Die Atome beider Elemente haben gemeinsam, dass sie jeweils 4 Elektronen auf der Valenzschale besitzen. Die Valenzelektronen der Bleiatome befinden sich aber auf der 6. Elektronenschale, die viel weiter weg vom Kern ist. Sie sind nicht so stark an das Atom gebunden und können – wie es für Metallatome typisch ist – einfacher abgegeben werden. Diese Tatsache begründet auch die metallischen Eigenschaften von Blei.

3 Begründe, warum die Elemente der ersten Hauptgruppe bis auf Wasserstoff Metalle sind.
Die Atome der Elemente der ersten Hauptgruppe besitzen jeweils nur 1 Elektron auf der Außenschale. Dieses Elektron ist nur gering gebunden und kann leicht abgegeben werden, sodass die Edelgasregel erfüllt ist.
Eine Ausnahme bildet das Nichtmetall Wasserstoff, dass auch in der ersten Hauptgruppe steht. Da es nur ein Elektron besitzt, kann es durch Abgabe dieses Elektrons auch nicht die Edelgasregel erfüllen.

Seite 70–71: Chemie erlebt – Entwicklung von Atommodellen

1 Nenne wissenschaftliche Erkenntnisse, die die Entwicklung der einzelnen Atommodelle notwendig machten.
Dalton-Modell: Das Gesetz von der Erhaltung der Masse und das Gesetz der konstanten Proportionen (Stoffe verbinden sich nur in einem bestimmten, festen Massenverhältnis) sind nur durch einen teilchenartigen Aufbau der Stoff erklärbar.
Rosinenkuchen-Modell: Stoffe können elektrisch aufgeladen werden und ziehen andere Stoffe an oder stoßen sie ab. Daraus folgt das Vorhandensein von verschiedenen Ladungen, die nur aus den Atomen kommen können.
Kern-Hülle-Modell: Rutherfordscher Streuversuch: Beim Bestrahlen einer Goldfolie mit positiv geladenen Alpha-Teilchen zeigt sich, dass der Großteil der Teilchen ungehindert durch die Goldfolie fliegt und nur ein kleiner Teil abgelenkt wird. Daraus folgt ein kleines, positiv geladenes Massezentrum und eine Hülle mit negativ geladenen Teilchen (Elektronen).
Schalenmodell der Atomhülle: Der Vergleich von verschiedenen Ionisierungsenergien von Elektronen zeigt, dass sich die Energien einiger Elektronen stark ähneln und zwischen einigen Elektronen Energiesprünge bestehen. Daraus folgt, dass Elektronen sich auf bestimmten Energiestufen befinden.

2 Erläutere anhand selbst gewählter Beispiele erklärbare und nicht erklärbare Sachverhalte zu den einzelnen Atommodellen.
Offene Aufgabenstellung. Beispiele:
Dalton Atommodell
Erklärbar: Unterscheidung von Elementen und Verbindungen. Nach Dalton haben alle Atome eines Elements die gleiche Masse und Größe. Somit lässt sich ein Element von einem Verbindung unterscheiden, da bei letzterem mehrere Atomsorten beteiligt sind.
Nicht erklärbar: Elektrische Leitfähigkeit. Nach Dalton sind alle Stoffe aus elektrisch neutralen Atomen aufgebaut. Für eine elektrische Leitfähigkeit werden jedoch freie Ladungsträger benötigt.
Schalenmodell
Erklärbar: Ordnungsprinzipien der Elemente im Periodensystem. Mithilfe des Schalenmodells und den auf bestimmten Energiestufen befindlichen Elektronen lassen sich die verschiedenen Elemente in Gruppen und Perioden aufgrund ihrer unterschiedlichen Anzahl an Protonen im Kern und Elektronen in der Hülle (Ordnungszahl/Kernladungszahl) einordnen.
Nicht erklärbar: Stabilität der Edelgaskonfiguration (Elektronenoktett). Das Schalenmodell trifft keine Aussage über die höchstmögliche Anzahl der Elektronen innerhalb einer Schale, sodass das Konzept von gefüllten Energieschalen nicht erklärbar ist.

3 Zwischen Protonen und Elektronen als elektrisch geladenen Teilchen wirken Kräfte. Prüfe, ob dies im Kern-Hülle-Modell und im Schalenmodell der Atomhülle berücksichtigt wird.
In beiden Modellen bewegen sich die Elektronen in der Atomhülle um den Atomkern, sodass die Anziehung der Protonen im Atomkern ausgeglichen werden kann. Jedoch stellt das Schalenmodell mit seinen bestimmten Kreisbahnen eine anschaulichere Darstellung der Kräfteverhältnisse in einem Atom dar.

4 Erstelle ein Begriffsnetz (Concept-Map) zur Entwicklung der Atommodelle.
Offene Aufgabenstellung.

Seite 74–75: Weitergedacht

Material A: Dem Bau der Atome auf der Spur

1 Prüfe die drei Skizzen a, b und c auf ihre Vereinbarkeit mit dem Kern-Hülle-Modell des Atoms und interpretiere die Überraschung Rutherfords zum Ausgang seines Streuversuchs (► A2, A1).
Bei Skizze a wurden auf dem gesamten Schirm etwa gleich viele Einschläge registriert, d. h. praktisch alle Alpha-Teilchen wurden abgelenkt.
Bei Skizze b werden vor allem Einschläge direkt hinter der Folie (ohne Ablenkung) registriert. Die restlichen Einschläge verteilen sich auf dem gesamten Schirm.
Bei Skizze c wurden alle Alpha-Teilchen an der Folie zurückgeworfen.
Skizze b entspricht am ehesten dem Kern-Hülle-Modell, da viele Alpha-Teilchen ohne Ablenkung durch die Folie geflogen sind.
Rutherfords Äußerung bezieht sich auf die Beobachtung, dass ein Teil der Alpha-Strahlung beim Versuch von der Goldfolie zurückgeworfen wurde. Er nahm ursprünglich an, dass die Strahlung ungehindert die Folie passieren würde.

Hilfe: Das Kern-Hülle-Modell sagt aus, dass Atome aus einem sehr kleinen, massiven Atomkern und einer dazu 10 000-mal größeren Atomhülle bestehen, die bis auf die Elektronen fast vollständig leer ist.
Alpha-Strahlung sind elektrisch positiv geladene Teilchen.
Atomkerne sind elektrisch positiv geladen.
Zum Zeitpunkt des Streuversuchs war bekannt, dass Elektronenstrahlung (Beta-Strahlung) dünne Folien ungehindert passieren konnten. Rutherford schloss daraus, dass dies auch für andere radioaktive Strahlung zutreffend sei.

2 Zeichne eine mögliche Modelldarstellung der Flugbahn der Alpha-Teilchen durch die Goldfolie anhand der Skizzen, die zwar zu Daltons oder Thomsons Vorstellungen von Atomen passen, aber im Widerspruch zum Kern-Hülle-Modell stehen (► A2).
Alpha-Strahlung müsste an den massiven Atomen abprallen bzw. zurückgeworfen werden (Dalton). Bei Thomsons Rosinenkuchen-Modell wäre auch denkbar, dass die Alpha-Teilchen in den Atomen „stecken bleiben" und diese positiv aufladen.

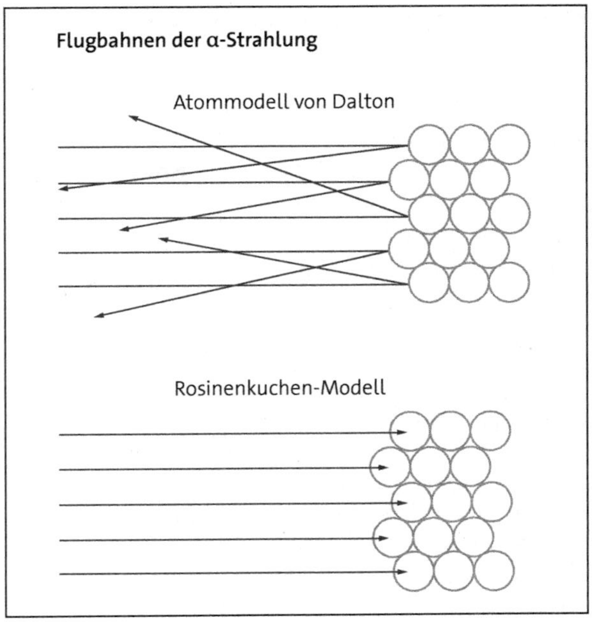

Hilfe: Nach Daltons Modell sind Atome harte, massive Kugeln, die nicht weiter teilbar sind.
Nach Thomson bestehen Atome aus kleinen, elektrisch negativ geladenen Elektronen, die sich in einer positiv geladenen Masse verteilen.

3 Diskutiere, ob die drei Gegenstände dazu geeignet sind, Vorstellungen zum Bau der Atome zu vermitteln (► A3).
Eine Boule-Kugel eignet sich als Veranschaulichung für das Dalton-Modell, bei dem Atome starre, feste Kugeln mit einer bestimmten Masse und Größe sind. Boule-Kugeln gibt es allerdings nur in einer Größe, sodass keine verschiedenen Atomarten dargestellt werden können.
Die Muschel eignet sich als Veranschaulichung für das Kern-Hülle-Modell. Die Muschelschale stellt dabei die Atomhülle dar, in der sich die Perle als Atomkern befindet. Allerdings ist auch nach dem Kern-Hülle-Modell das Atom kugelförmig. Zudem ist die Atomhülle nur der Bereich, in dem sich die Elektronen aufhalten und kein „greifbarer" Bestandteil des Atoms wie eine Muschelschale.
Die Wassermelone eignet sich als Veranschaulichung für das Rosinenkuchen-Modell von Thomson. Die Melonenkerne stellen die Elektronen dar, die im „positiv geladenen" Fruchtfleisch verteilt sind.

Material B: Atombau und Ionisierungsenergie

1 Beschreibe und erläutere den Verlauf der Ionisierungsenergien in der Schülerskizze (► B1).

In der Schülerskizze erkennt man, dass die Ionisierungsenergie vom Wasserstoff (Ordnungszahl (OZ) = 1) zum Helium (OZ = 2), vom Lithium (OZ = 3) zum Neon (OZ = 10) und vom Natrium (OZ = 11) zum Argon (OZ = 18) jeweils stetig steigt.

Die Anziehungskraft des Atomkerns auf die Elektronen wächst in diesen drei Reihen aufgrund der größer werdenden Kernladungszahl. Zum Abspalten des ersten Elektrons muss deshalb eine immer größer werdende Energie aufgewandt werden.

Der sprunghafte Abfall der ersten Ionisierungsenergie von Helium zu Lithium und von Neon zu Natrium ergibt sich dadurch, dass sich bei den Alkalimetallen Lithium bzw. Natrium das jeweils abgespaltene Elektron auf der nächsthöheren Schale (Energiestufe) befindet. Aus der Skizze lässt sich also der schalenartige Aufbau der Atomhülle ableiten.

Hilfe: Die Ionisierungsenergie ist ein Maß für die Anziehungskraft des Atomkerns auf die Elektronen in der Atomhülle. Sie nimmt mit der Kernladungszahl zu und mit dem Abstand der Elektronen vom Atomkern ab.

2 Vergleiche die Schülerskizze mit dem tatsächlichen Verlauf der Ionisierungsenergien (► B1, B2).

Beide Darstellungen ähneln sich, auch wenn bei D2 ein Säulendiagramm gezeichnet wurde: Die Elemente Helium, Neon und Argon nehmen jeweils einen Maximalwert ein, Lithium und Natrium einen Minimalwert. Der Anstieg zwischen den Edelgasen ist allerdings nicht so kontinuierlich wie bei B1. Bei Bor (OZ = 5), Sauerstoff (OZ = 8), Aluminium (OZ = 13) und Schwefel (OZ = 16) ist die Ionisierungsenergie jeweils geringer als die Ionisierungsenergie des direkten Vorgängerelements.

Hilfe: Vergleiche die Diagramme qualitativ. Betrachte vor allem die Elemente mit der OZ 5, 8, 13 und 16 näher.

3 Erläutere, warum der Verlauf in B2 allein mit dem Schalenmodell der Atomhülle nicht zu erklären ist.

Das kontinuierliche Ansteigen zwischen den Elementen mit der Ordnungszahl 3 bis 10 und Ordnungszahle 11 bis 18 wird beim Schalenmodell so erklärt, dass sich die Elektronen jeweils auf einer gemeinsamen Elektronenschale befinden, die den gleichen Abstand zum Atomkern hat. Die Ionisierungsenergie nimmt zu, weil mit größer werdender Ordnungszahl (Kernladungszahl) auch die Anziehungskraft auf diese Elektronen zunimmt. Der sprunghafte Abfall wird damit gedeutet, dass sich die weiteren Elektronen auf der nächsthöheren Schale befinden, die einen größeren Abstand zum Kern hat. Das Abfallen der Ionisierungsenergie bei den Elementen Bor, Sauerstoff, Aluminium und Schwefel kann man dann eigentlich auch nur damit deuten, dass sich nicht alle Elektronen auf der gleichen Schale befinden können. Diese „Unterschalen" sind im Schalenmodell aber nicht vorgesehen.

Hilfe: Die Veränderung der Ionisierungsenergie kann mit dem schalartigen Aufbau der Atomhülle erklärt werden.
Je weiter entfernt die Schale ist, auf den sich das entfernte Elektron befand, desto geringer war die Anziehungskraft des Atomkerns.
Elektronen auf einer Schale werden umso stärker angezogen, je größer die Kernladungszahl (Ordnungszahl) des Atomkerns (Elements) ist.

Material C: Aluminium – ein besonderes Leichtmetall

1 Begründe die in ► C1 dargestellten Verwendungsmöglichkeiten mit den Eigenschaften von Aluminium.

Bauteile für Flugzeuge: Ein möglichst geringes Gewicht ist bei Flugzeugen entscheidend (Treibstoffeinsparung). Deshalb eignet sich Aluminium sehr gut als Baumaterial. Als Metall ist es zudem gut formbar und leicht zu verarbeiten. Da es kein seltenes Metall ist, ist es gut verfügbar.

Verwendung als Duschkopf: Aluminium ist aufgrund einer an Luft ausgebildeten Aluminiumoxidschicht sehr beständig gegenüber Korrosion, die vor allem durch Nässe beschleunigt wird.

2 Aus den Ionisierungsenergien in ► C3 lassen sich Aussagen zum Bau von Aluminiumatomen ableiten.

a Erläutere den energetischen Verlauf zur Abspaltung der Elektronen beim Aluminiumatom.

Grundsätzlich steigen die Ionisierungsenergien vom ersten zum letzten Elektron an, da mit jedem abgespaltenen Elektron die Anziehungskraft auf die verbliebenen Elektronen steigt.

Die Elektronen 11–13 besitzen eine sehr niedrige Ionisierungsenergie und können somit sehr leicht aus dem Aluminiumatom abgespalten werden. Hierbei handelt es sich um die Valenzelektronen aus der äußersten Schale des Aluminiumatoms. Die Elektronen 3–10 besitzen eine etwas größere Ionisierungsenergie und bilden eine weitere gefüllte Schale. Die Elektronen 1 und 2 haben eine sehr hohe Ionisierungsenergie, da sie sich in der ersten (innersten) Schale befinden, die sehr nah am Atomkern liegt und somit die meiste Anziehungskraft durch den Kern erfahren.

Insgesamt teilen sich die 13 Elektronen des Aluminiums auf 3 Energiestufen / Schalen auf.

b Entwickle aus dem energetischen Verlauf ein Energiestufenmodell für das Aluminiumatom und skizziere ein mögliches Schalenmodell.

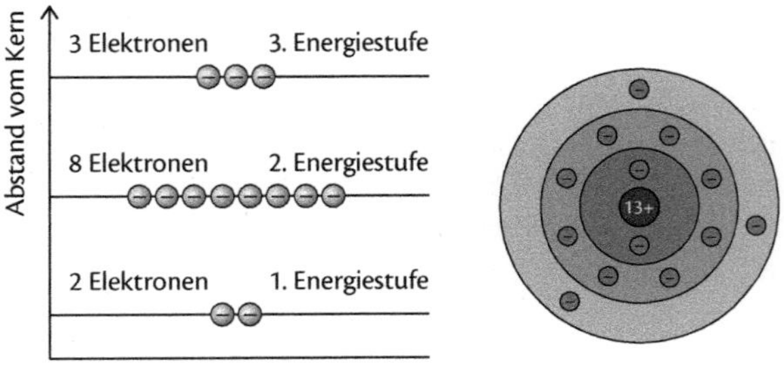

Energiestufenmodell Schalenmodell

3 Die Stabilität von Aluminiumoxid begründet sich auch darauf, dass in der Verbindung das Aluminium als Ion vorliegt.

a Begründe mithilfe der Oktettregel, in welcher Elektronenanordnung die Aluminium-Ionen im Aluminiumoxid am ehesten vorliegen. Skizziere dazu ein passendes Schalen- oder Energiestufenmodell.

Besonders stabil sind Ionen, wenn sie die Edelgaskonfiguration mit 8 Außenelektronen erfüllen. Im Falle des Aluminiums ist diese erfüllt, wenn 3 Elektronen abgespaltet werden. Somit würde das Aluminium-Ion 8 Elektronen auf der 2. Energiestufe / 2. Schale und 2 Elektronen auf der 1. Schale / 1. Energiestufe besitzen.

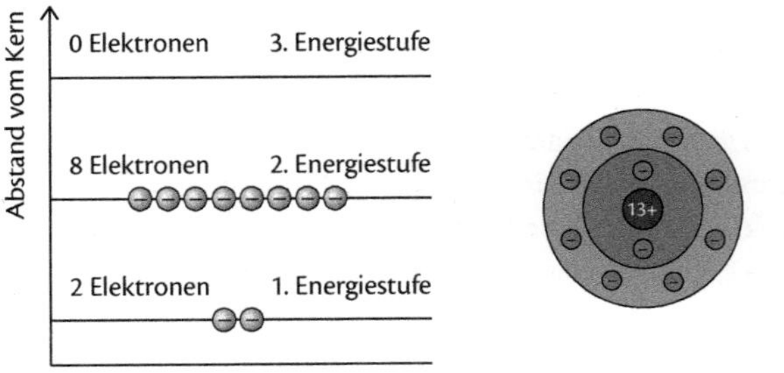

Energiestufenmodell Schalenmodell

Hilfe: Atome mit einer Edelgaskonfiguration sind besonders stabil.

b Benenne das Element, das die gleiche Elektronenanordnung wie diese Aluminium-Ionen besitzt. Gib seine Position im Periodensystem an.

Element: Neon

Position im PSE: VIII. Hauptgruppe (Edelgase), II. Periode, Ordnungszahl 10

4 Im Gegensatz zum Aluminium ist Eisen kein Reinelement. Vom Eisen sind vier stabile Isotope bekannt (► C2).

a Erläutere anhand des Elements Eisen den Begriff Isotop.

Isotope sind Atome eines Elements, deren Atomkerne die gleiche Kernladungszahl aufweisen, sich aber in der Anzahl der Neutronen unterscheiden. Für Eisen existieren 4 Isotope, deren Atome alle 26 Protonen im Kern haben. Die Anzahl der Neutronen kann 28 (^{54}Fe), 30 (^{56}Fe), 31 (^{57}Fe) und 32 (^{58}Fe) betragen.

Hilfe: Atomkerne enthalten Protonen und Neutronen.
Die Massenzahl ist die Summe der Anzahl an Protonen und Neutronen in einem Atomkern. Sie wird oben links an das Elementsymbol geschrieben.
Alle Atome eines Elements haben die gleiche Anzahl an Protonen.

b Berechne mithilfe von ► C2 die mittlere Atommasse von Eisen in u.

$m_a(Fe) = (53{,}94\ u \cdot 0{,}058) + (55{,}94\ u \cdot 0{,}9172)$
$+ (56{,}94\ u \cdot 0{,}022) + (57{,}93\ u \cdot 0{,}0028)$

$m_a(Fe) = \underline{\underline{55{,}85\ u}}$

Die mittlere Atommasse von Eisen beträgt 55,85 u.

5 Entwickle eine Hypothese zur Erklärung der geringen Dichte von Aluminium im Vergleich zum Eisen.

Die Dichte von Aluminium beträgt nur ein Drittel der Dichte von Eisen. Eisenatome sind im Vergleich zu Aluminiumatomen etwa doppelt so schwer, sodass zu vermuten ist, dass die Dichte von der Atommasse abhängt. Zudem kann man weiterhin vermuten, dass die Anzahl an Aluminiumatomen in einem bestimmten Volumen Aluminium geringer ist als die Anzahl an Eisenatomen im gleichen Volumen Eisen.

Hilfe: Die Dichte ist der Quotient aus Masse und Volumen einer Stoffportion.
Atommassen der Elemente Eisen und Aluminium:
$m_a(Al) = 26{,}98\ u$
$m_a(Fe) = 55{,}85\ u$

Luft und andere Gase

Seite 78–79: Chemie erlebt – Luft zum Leben

1 Informiere dich über die „grünen Lungen" der Erde. Wo befinden sich die größten Regenwälder?
Man unterscheidet zwischen immergrünen, tropischen und gemäßigten Regenwäldern. Die immergrünen Regenwälder befinden sich auf allen Kontinenten entlang des Äquators. Die größten zusammenhängenden Flächen beherbergt das Amazonasbecken. Gemäßigte Regenwälder kommen vor allem an der Westküste Nordamerikas, in Chile sowie auf Tasmanien und Neuseeland vor.

2 Berechne, wie viel Sauerstoff du in Ruhe und bei schwerer Arbeit innerhalb einer Stunde verbrauchst. Bringe deinen Verbrauch mit der Produktionsleistung eines Baumes in Verbindung.
Rechenbeispiele für eine 75 kg schwere erwachsene Person:

Sauerstoffbedarf in Ruhe:
$75\ kg \cdot 3{,}4\ cm^3/(min \cdot kg) \cdot 60\ min = 15\,300\ cm^3 = 15{,}3\ l$
Pro Stunde verbraucht eine 75 kg schwere erwachsene Person 15,3 Liter Sauerstoff.

Sauerstoffbedarf bei Schwerstarbeit:
$75\ kg \cdot 70\ cm^3/(min \cdot kg) \cdot 60\ min = 315\,000\ cm^3 = 315\ l$
Bei körperlicher Schwerstarbeit benötigt eine 75 kg schwere erwachsene Person 315 Liter Sauerstoff.

Tagesbedarf an Sauerstoff:
$15{,}3\ l \cdot 24 = 367{,}2\ l$
Der Tagesbedarf an Sauerstoff einer 75 kg schweren erwachsenen Person beträgt etwa 367 l.
Die Sauerstoffproduktion eines Baumes beträgt pro Tag 3 500 Liter. Ein Baum kann neun bis zehn Erwachsene einen Tag lang mit Sauerstoff versorgen.

Seite 84–85: Sauerstoff und Stickstoff

1 Ein Mensch atmet täglich etwa 10 000 Liter Luft ein. Berechne das Volumen des Sauerstoffs.
Der Sauerstoffanteil in der Luft beträgt rund 21 %. 10 000 Liter Luft enthalten dann 2 100 Liter reinen Sauerstoff.

2 Erkundige dich im Internet über die verschiedenen Arten der Füllung von Druckgasflaschen für Taucher.
Neben der normalen Pressluft gibt es auch speziellere Atemluftgemische wie Heliox, Nitrox und Trimix, die besonders bei Tauchgängen in große Tiefen eingesetzt werden. Genauere Informationen hierzu findet man im Internet, indem man diese Namen als Suchbegriffe eingibt.

3 Erläutere, warum Bergsteiger ab etwa 4 000 m Höhe Sauerstoffgeräte benutzen.
Da sich in dieser Höhe viel weniger Sauerstoffteilchen pro Liter Luft befinden, brauchen Bergsteiger eine mit Sauerstoff angereicherte Atemluft.

4 Erläutere, warum flüssiger Stickstoff und nicht Sauerstoff als Kühlmittel verwendet wird. Vergleiche dazu die Eigenschaften der Gase.
Mit einer Siedetemperatur von −196 °C ist flüssiger Stickstoff nur geringfügig kälter als flüssiger Sauerstoff (−183 °C). Im Gegensatz zu Sauerstoff ist Stickstoff aber reaktionsträge und fördert nicht die Verbrennung. Die Verwendung von flüssigem Sauerstoff ist daher sehr gefährlich.

Seite 86: Chemie erlebt – Luft und Lebensmittel

1 Auch Gase nehmen einen gewissen Raum ein. Überlege, welche Auswirkungen der Einsatz von Schutzgasen auf Verpackungsgrößen haben könnte.
Im Gegensatz zu einer Vakuumverpackung besitzt eine Schutzgasverpackung mehr Volumen. Sie kann dem Verbraucher vortäuschen, dass er durch die größere Verpackung auch mehr Inhalt kauft. In Deutschland gibt es deswegen gesetzliche Regelungen für den Einsatz von Schutzgasen beim Verpacken von Lebensmitteln.

Seite 88–89: Chemie erlebt – Verschmutzung und Reinhaltung der Luft

1 Recherchiere über verschiedene Funktionen des Waldes. Präsentiere deine Ergebnisse, z. B. in Form eines Plakats.
Offene Aufgabenstellung. Funktionen sind z. B. „Sauerstofflieferant", Filtern von Staub und Luftschadstoffen, Lebensraum für Tiere, Reinigen und Speichern von Wasser (im Waldboden)

2 Informiere dich über weitere mögliche Lösungsansätze zur Verminderung des Kohlenstoffdioxids in der Atmosphäre. Als Anregung sei hierbei das Erreichen einer vermehrten Algenblüte genannt.
Offene Aufgabenstellung.
CSS-Technologie: „Carbon Capture and Storage"-Technologie. Ziel ist es, Kohlenstoffdioxid, das z. B. bei der Energieerzeugung entsteht, aus dem Abgas abzuscheiden, zu transportieren und im Boden zu speichern.
Meeresdüngung: Durch das Ausbringen von Düngern (z. B. Eisen) über den Meeren soll gezielt das Wachstum der Algen angeregt werden. Algen wandeln mithilfe von Fotosynthese Kohlenstoffdioxid in Biomasse um.
Schwefeldioxid: Durch Einbringen von Schwefeldioxid in die höhere Atmosphäre (Stratosphäre) soll ein Teil der Sonneneinstrahlung reflektiert werden. Dies würde die Strahlungsbilanz der Erde beeinflussen, sodass sich die Jahresdurchschnittstemperatur verringert.

Weitere Ansätze sind z. B über den Begriff Geoengineering recherchierbar.

Seite 90–91: Edelgase

1 Die meisten Edelgase werden aus der Luft gewonnen, indem diese zunächst so lange abgekühlt wird, bis alle Gase flüssig sind. Dann wird langsam erwärmt. Gib die Reihenfolge an, in der die Edelgase aufgefangen werden können.
Wenn die Luft auf unter −186 °C abgekühlt wird, können die Edelgase in der Reihenfolge Argon (Siedetemperatur: −186 °C), Krypton (−153 °C), Xenon (−108 °C) aufgefangen werden.

2 Informiere dich über „Tiefenrausch" und „Taucherkrankheit". Nutze dafür das Internet.
Der Tiefenrausch ist ein rauschartiger Zustand, der beim Tauchen in größere Tiefen auftreten kann. Symptome sind u. a. Euphorie, mangelndes Urteilsvermögen, eingeschränkt logisches Denken.
Die Taucherkrankheit entsteht durch das Ausperlen gelöster Gase (Stickstoff, Helium) in verschiedenen Körpergeweben bei einer zu schnellen Druckänderung, z. B. bei einem zu raschen Auftauchen.

3 Begründe die Verwendungsmöglichkeit von Helium als Traggas und Argon als Schutzgas beim Schweißen.
Die Dichte von Helium ist viel geringer als die Dichte der Luft. Deshalb lässt es sich in der Ballonfahrt als Traggas aufgrund des guten Auftriebs nutzen. Zudem ist es (im Gegensatz zu Wasserstoff) nicht brennbar.
Argon besitzt eine höhere Dichte als Luft und kann somit den Luftzutritt beim Schweißen und damit eine mögliche Oxidation des zu schweißenden Werkstoffes verhindern. Gleichzeitig bleibt Argon auch bei solch hohen Temperaturen, die beim Schweißen nötig sind, reaktionsträge.

Seite 92–93: Wasserstoff

1 Erkläre, warum man heutzutage anstelle des Wasserstoffs Helium in Luftschiffen verwendet.
Helium besitzt eine ähnlich geringe Dichte (verleiht einem Flugkörper somit Auftrieb), ist heutzutage auch in größeren Mengen verfügbar und besitzt den großen Vorteil, dass es nicht brennbar ist. Diese Eigenschaft ist sehr wichtig, wie die Katastrophe von Lakehurst mit dem Luftschiff Hindenburg gezeigt hat. Bei diesem Unglück entzündete sich der Wasserstoff vom Luftschiff und es kamen 36 Menschen ums Leben.

2 Begründe den Einsatz von Wasserstoff als Traggas von Ballons und als Raketentreibstoff.
Wasserstoff kann als Traggas eingesetzt werden, da es eine geringere Dichte als Luft besitzt und somit einem Körper Auftrieb verleihen kann. Ein Volumen von 1 m^3 Wasserstoff kann eine Masse von 1,2 kg Last tragen. Wasserstoff kann zudem als Raketentreibstoff eingesetzt werden, da die stark exotherme Verbrennung von Wasserstoff in der Rakete den notwendigen Schub erzeugen kann.

Seite 94–95: Chemie erlebt – Wasserstoff – eine saubere Energie für die Zukunft

1 Erkunde in Fachbüchern bzw. im Internet, wie lange die Vorräte an Erdöl, Erdgas und Kohle voraussichtlich noch reichen werden. Diskutiere die möglichen weltweiten Folgen eines Mangels an diesen Rohstoffen.
Bei gleichbleibendem Verbrauch reichen die Erdölvorräte voraussichtlich noch 43 Jahre, die Erdgasvorräte noch 70 Jahre und die Kohlevorräte noch 230 Jahre. 2. Teil: Offene Aufgabenstellung.

2 Die Fotovoltaik gilt als Energiequelle der Zukunft für die Gewinnung von Wasserstoff. Recherchiere, was man unter „Fotovoltaik" versteht.
Fotovoltaikanlagen sind Solaranlagen, die zur Gewinnung von elektrischem Strom mithilfe der Sonnenenergie genutzt werden.

3 Erläutere die Aussagen von ► 2 und ► 3. Gehe dabei auch auf die aktuelle Diskussion um Heizöl- und Benzinpreise ein.
In Abbildung 2 ist das heutige Energieversorgungssystem dargestellt, das hauptsächlich auf der Nutzung fossiler Energieträger basiert. Bei der Verbrennung fossiler Brennstoffe, deren Vorrat begrenzt ist, entsteht neben umweltgefährdenden Abgasen auch Kohlenstoffdioxid, das den Treibhauseffekt verstärkt und zum Klimawandel beiträgt. Das System in Abbildung 3 nutzt erneuerbare Energiequellen wie Solar-, Wasser- und Windenergie zur Gewinnung von elektrischem Strom, mit dem Wasser in Wasserstoff und Sauerstoff zerlegt werden kann. Wasserstoff kann gespeichert und transportiert werden und zur Energiegewinnung genutzt werden. Bei seiner Verbrennung entsteht lediglich Wasser. Das System bildet einen geschlossenen Kreislauf.

Seite 96–97: Bau gasförmiger Stoffe

1 Prüfe, ob eine Formel auch $X_{2,5}$ lauten kann. Begründe.
Nein, das Symbol in der Formel kennzeichnet die Atomart. Ein Atom Sauerstoff wird z. B. durch das Symbol O gekennzeichnet, während das Molekül Sauerstoff durch die Formel O_2 angegeben wird. Dabei bestimmt der Index die Anzahl der zu einem Molekül vereinigten Atome. Ein Atom ist ein einzelnes, chemisch nicht weiter zerlegbares Teilchen, Moleküle dagegen sind aus zwei oder mehreren Atomen aufgebaut. Der Index muss daher immer eine ganze Zahl sein.

2 Erläutere, warum Stickstoffatome drei gemeinsame Elektronenpaare in Molekülen eingehen.
Stickstoffatome haben 5 Außenelektronen. Durch Ausbildung von drei gemeinsamen Elektronenpaaren im Stickstoffmolekül erfüllt jedes Stickstoffatom für sich die Oktettregel.

3 Skizziere ein Modell der Elektronenpaarbindung im Stickstoffmolekül.

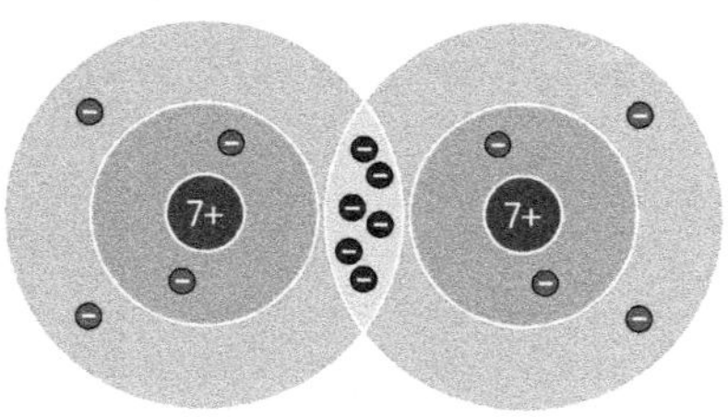

4 a Gib die Anzahl der gemeinsamen Elektronenpaare für jedes Atom im Kohlenstoffdioxidmolekül an.

Kohlenstoffdioxid: CO_2	
Kohlenstoffatom	**Sauerstoffatom**
4 gemeinsame Elektronenpaare (jeweils 2 mit einem Sauerstoffatom)	2 gemeinsame Elektronenpaare mit dem Kohlenstoffatom

b Entwickle die Lewis-Formel.

⟨O = C = O⟩

Seite 100–101: Weitergedacht

Material A: Dichte von Stoffen

1 Beschreibe den Luftdruck in der Atmosphäre in Abhängigkeit von der Höhe (► A2).
Mit zunehmender Höhe nimmt der Luftdruck in der Atmosphäre ab. Die Abnahme ist dabei nicht linear: In 5 km Höhe beträgt der Luftdruck nur noch rund die Hälfte vom Ausgangswert, in 10 km Höhe ein Viertel und in 15 km Höhe ein Achtel. Der Luftdruck halbiert sich also etwa alle 5 km.

2 Erläutere den Zusammenhang zwischen Luftdruck und Dichte der Luft.
Genauso wie der Luftdruck sinkt mit zunehmender Höhe auch die Dichte der Luft. Das liegt daran, dass Luft (wie alle Gase) zusammengepresst werden kann. Dabei gilt: Je stärker die Luft zusammengepresst wird, desto größer ist ihre Dichte. Auf Meereshöhe wird die Luftschicht durch die darüber liegenden Luftschichten viel stärker zusammengepresst (hoher Luftdruck). Je höher man steigt, desto geringer werden der Luftdruck und damit die Dichte der Luft.

Hilfe: Die Dichte bei Gasen gibt an, wie schwer z. B. ein Liter einer Gasportion ist.
Gase können mithilfe einer Kraft zusammengepresst werden.
Beim Zusammenpressen verkleinert sich das Volumen, aber nicht die Anzahl der im Volumen enthaltenen Teilchen.
Der Luftdruck ist die Kraft, die Luft ausübt.

3 Formuliere eine begründete Vermutung darüber, welcher Wetterballon am höchsten aufsteigt: ein prall gefüllter oder ein weniger prall gefüllter (► A1).
Wasserstoff ist das Gas mit der geringsten Dichte aller Stoffe. Ein mit Wasserstoff gefüllter Wetterballon steigt auf.

Da der Luftdruck mit zunehmender Höhe immer geringer wird, werden auch die Kräfte, die den Ballon zusammendrücken immer geringer. Der Ballon dehnt sich aus. Ein prall gefüllter Ballon würde schnell platzen. Daher werden Wetterballons nicht so prall gefüllt. Sie können sich ausdehnen, ohne zu platzen, und erreichen größere Höhen.

Hilfe: Betrachte zusätzlich das Diagramm ▸ 2.
Der Luftdruck ist die Kraft, die die Luft auf den Ballon ausübt und ihn zusammenpresst.

4 Holz und Eisen unterscheiden sich in ihren Eigenschaften.
a Vergleiche das Verhalten in Wasser (▸ A3).
Ein Stück Holz schwimmt auf dem Wasser, es geht nicht unter. Ein Stück Eisen sinkt auf den Boden des Gefäßes, es kann nicht auf dem Wasser schwimmen.

b Begründe das unterschiedliche Verhalten.
Ein Gegenstand/Stoff schwimmt auf dem Wasser, wenn seine Dichte kleiner ist als die des Wassers. Umgekehrt sinkt er zu Boden, wenn seine Dichte größer ist als die von Wasser. Holz hat demnach eine kleinere Dichte als Wasser, Eisen eine größere Dichte als Wasser.

5 Erkläre den Aufstieg eines Heißluftballons in Luft. Es gelten die gleichen Gesetze wie beim Aufstieg eines Körpers in Wasser.
Wird Luft erhitzt, verringert sich ihre Dichte. Gase mit einer geringeren Dichte als die sie umgebende Luft steigen auf. Auch im Wasser erfahren Stoffe mit einer geringeren Dichte als Wasser (z. B. Eis) Auftrieb.

Hilfe: Stoffe dehnen sich beim Erhitzen aus.
Beim Ausdehnen verringert sich die Dichte des Stoffs.

Material B: Sauerstoff

1 Beschreibe den Versuch, den Priestley bei der Entdeckung des Sauerstoffs durchgeführt hat (▸ B1).
Priestley führte zwei unterschiedliche Versuche mit ausgeatmeter Luft durch. Er füllte zwei Gefäße mit ausgeatmeter Luft, wobei eines von beiden eine Grünpflanze enthielt. Nach einiger Zeit wurde in beide Gefäße eine Maus gesetzt, wobei sie in dem Gefäß ohne Pflanze starb. In dem Gefäß mit Pflanze konnte sie aber überleben.

2 Deute die Beobachtungen des Versuchs in Bezug auf die unterschiedlichen Luftzusammensetzungen unter den Glasglocken.
Da Tiere Sauerstoff zum Überleben brauchen, kann man durch den Versuch ohne Grünpflanze schließen, dass die Ausatemluft keinen oder nur wenig Sauerstoff enthält. Die Maus erstickt. Die ausgeatmete Luft hat dafür einen höheren Kohlenstoffdioxidgehalt. Das Kohlenstoffdioxid wird von der Pflanze durch Fotosynthese in Biomasse umgewandelt, wobei sich als Produkt auch Sauerstoff bildet, der die Maus am Leben hält.

Hilfe: In beiden Gefäßen befindet sich zu Beginn des Versuchs nur ausgeatmete Luft.
Ausgeatmete Luft enthält nur wenig Sauerstoff.
Pflanzen setzen bei der Fotosynthese Sauerstoff frei.

3 Carl Wilhelm Scheele entdeckte 1772 den Sauerstoff. Er nannte ihn „Feuerluft". Erläutere ausführlich, was Scheele sich dabei wahrscheinlich gedacht hatte.
Scheele entdeckte den Sauerstoff bei der Untersuchung von Verbrennungsreaktionen mit Luft. Scheele fiel auf, dass bei den Experimenten immer nur ein bestimmter Anteil der Luft verbraucht wurde. Diesen Bestandteil nannte er „Feuerluft", weil ein wesentliches Merkmal von Verbrennungen Feuererscheinungen sind. Die „restliche" Luft unterhielt die Verbrennung nicht. Eine Flamme in dieser Restluft erlischt.

Hilfe: Sauerstoff unterhält die Verbrennung. Ein glimmender Holzspan flammt in reinem Sauerstoff auf.
Ein Merkmal der Verbrennung sind Flammen.

Material C: Experimentelle Untersuchung der Atemluft

1 Skizziere eine Experimentieranordnung, mit deren Hilfe die Ausatemluft aufgefangen werden kann. Nutze dazu das Material C1.

Offene Aufgabenstellung. Generell sind mehrere Aufbauten möglich. Erfolgreich kann die Luft prinzipiell aber entweder durch Luftverdrängung oder durch pneumatisches Auffangen aufgefangen werden.

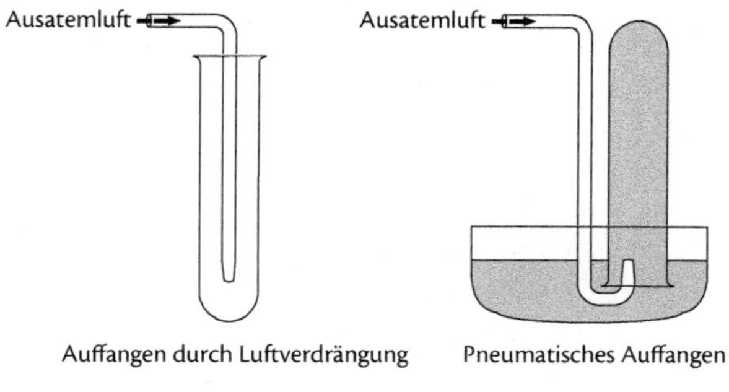

2 Erläutere die Beobachtungen (► C3) unter Zuhilfenahme der Tabelle (► C2).

Für eine Verbrennung, z. B. bei einer Kerze, wird Sauerstoff benötigt, der während der Verbrennung verbraucht wird. Die ausgeatmete Luft enthält anstelle von 21 % nur 16 % Sauerstoff. Dadurch steht weniger Sauerstoff für die Reaktion zur Verfügung und die Brenndauer ist kürzer als in normaler Luft.

3 Berechne die Veränderung des Sauerstoff- und des Kohlenstoffdioxidanteils in der Ausatemluft (► C2). Gib das Ergebnis als prozentuale Veränderung zum Grundwert (Luft) an.

Gegeben: G(Sauerstoff) = 21 %
G(Kohlenstoffdioxid) = 0,04 %
W(Sauerstoff) = – 5 % (16 % – 21 %)
W(Kohlenstoffdioxid) = 3,96 % (4 % – 0,04 %)

Gesucht: p %(Sauerstoff)
p %(Kohlenstoffdioxid)

Lösung: $p\,\% = \frac{W}{G}$

$$p\,\%(\text{Sauerstoff}) = \frac{-5\,\%}{21\,\%} \cdot 100\,\% = \underline{\underline{-\,23{,}8\,\%}}$$

$$p\,\%(\text{Kohlenstoffdioxid}) = \frac{3{,}96\,\%}{0{,}04\,\%} \cdot 100\,\% = \underline{\underline{9\,900\,\%}}$$

In der Ausatemluft ist im Vergleich zur Luft der Sauerstoffanteil um 24 % verringert, wohingegen der Kohlenstoffdioxidanteil um 9 900 % gestiegen ist.

4 C4 zeigt einen anderen Versuch zur Untersuchung der Ausatemluft. Zähle die Beobachtungen auf, die gemacht werden können, und deute diese.

Beobachtungen: Bildung von Gasbläschen. Weiße Trübung des Kalkwassers.

Deutung: Die Ausatemluft wird durch die Gaswaschflaschen in das Kalkwasser geleitet.

Die weiße Trübung deutet auf das Vorhandensein von Kohlenstoffdioxid in der Ausatemluft hin.

5 Zur Brandbekämpfung werden u. a. Feuerlöscher mit Kohlenstoffdioxidfüllung eingesetzt. Erläutere mithilfe von ► C2 und ► C3, warum Kohlenstoffdioxid als Löschmittel eingesetzt werden kann.

Aus C2 und C3 kann geschlussfolgert werden, dass die kürzere Brenndauer der Kerzen direkt mit der Abnahme des Sauerstoffgehalts zusammenhängt. Im Gegensatz zu Sauerstoff unterhält Kohlenstoffdioxid die Verbrennung nicht. Kohlenstoffdioxidlöscher können dazu genutzt werden, den Sauerstoff am Brandherd zu verdrängen und die Flamme so zu ersticken.

Wasser – eine Verbindung

Seite 104–105: Chemie erlebt – Wie sauber ist mein Badesee?

1 Führe selbst einige Untersuchungen zur Erforschung der Qualität eines Gewässers durch. Präsentiere deine Ergebnisse.
Offene Aufgabenstellung.

2 Ordne anhand deiner Ergebnisse das von dir untersuchte Gewässer einer Güteklasse zu (▸ 2).
Offene Aufgabenstellung.

3 Vergleiche deine Ergebnisse mit Literaturangaben, die du für das Gewässer (oder ähnliche Gewässer) recherchieren konntest.
Offene Aufgabenstellung.

Seite 108–109: Lösemittel Wasser

1 Vergleiche die Löslichkeit von Kaliumnitrat und Natriumchlorid in Wasser bei 30 °C, 50 °C und 70 °C (▸ 7).
Die Löslichkeit von Kaliumnitrat steigt mit zunehmender Temperatur stark an. Bei 30 °C lösen sich etwa 50 g des Stoffs in 100 g Wasser, bei 60 °C sind es etwa 110 g und bei 90 °C etwa 210 g. Die Löslichkeit von Natriumchlorid bleibt mit zunehmender Temperatur etwa gleich bei etwa 40 g in 100 g Wasser.

2 Erstelle ein Löslichkeitsdiagramm für Sauerstoff und Kohlenstoffdioxid (▸ 5). Vergleiche die Kurven miteinander.

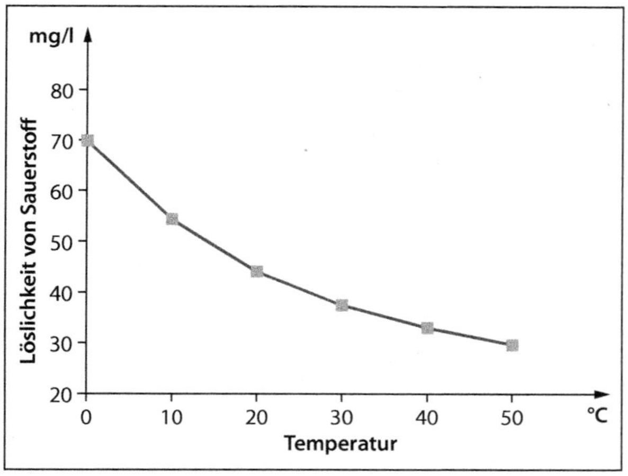

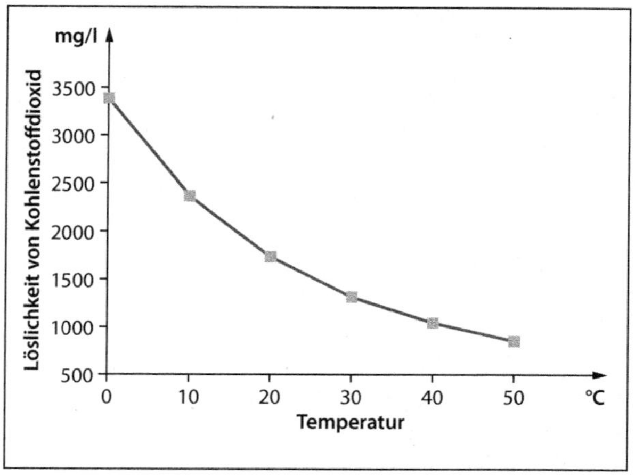

Sowohl bei Sauerstoff als auch bei Kohlenstoffdioxid sinkt die Löslichkeit mit zunehmender Temperatur. Bei Sauerstoff nimmt bis 50 °C die Löslichkeit um mehr als die Hälfte ab, bei Kohlenstoffdioxid um etwa ein Viertel. Die Löslichkeit von Kohlenstoffdioxid ist bei 0 °C um mehr als das 48-Fache größer als die von Sauerstoff.

3 In 100 ml Cola sind 10,6 g Zucker enthalten. Berechne die Massenkonzentration.
Gegeben: $V(\text{Cola}) = 100\text{ ml} = 0{,}1\text{ l}$; $m(\text{Zucker}) = 10{,}6\text{ g}$
Gesucht: $\beta(\text{Zucker})$

Lösung: $\beta(\text{Zucker}) = \dfrac{m(\text{Zucker})}{V(\text{Cola})} = \dfrac{10{,}6\text{ g}}{0{,}1\text{ l}} = \underline{\underline{106\text{ g/l}}}$

Antwort: Die Massenkonzentration von Zucker in Cola beträgt 106 g/l.

4 Berechne für 250 ml wässriger Lösung jeweils die Masse des gelösten Stoffes.
a Sirup mit β(Zucker) = 40 g/l
Gegeben: $V(\text{Lsg.}) = 250\text{ ml} = 0{,}250\text{ l}$; $\beta(\text{Zucker}) = 40\text{ g/l}$
Gesucht: $m(\text{Zucker})$
Lösung: $m(\text{Zucker}) = \beta(\text{Zucker}) \cdot V(\text{Lsg.})$
$= 40\text{ g/l} \cdot 0{,}250\text{ l}$
$= \underline{\underline{10\text{ g}}}$

Antwort: Die Masse an Zucker in einem Viertel Liter Sirup beträgt 10 g.

b Lösung mit β(Kochsalz) = 28 g/l
Gegeben: $V(\text{Lsg.}) = 250\text{ ml} = 0{,}250\text{ l}$; $\beta(\text{Salz}) = 28\text{ g/l}$
Gesucht: $m(\text{Salz})$
Lösung: $m(\text{Zucker}) = \beta(\text{Salz}) \cdot V(\text{Lsg.})$
$= 28\text{ g/l} \cdot 0{,}250\text{ l}$
$= \underline{\underline{7\text{ g}}}$

Antwort: Die Masse an Kochsalz in einem Viertel Liter Lösung beträgt 7 g.

Seite 110–111: Wasser

1 Begründe die Aussage: Wasser ist nicht gleich Wasser.
Das Wort Wasser wird mehrdeutig verwendet. Deshalb ist damit ebenso reines Wasser wie Flusswasser, Meerwasser oder auch andere Wässer wie Tafelwasser oder Mineralwasser gemeint. Alle diese Wässer haben eine unterschiedliche Zusammensetzung, weshalb Wasser nicht gleich Wasser ist.

2 Beschreibe mithilfe des Teilchenmodells, was beim Sieden von Wasser passiert. Vergleiche mit der Zerlegung von Wasser durch den elektrischen Strom.
Sieden von Wasser ist ein physikalischer Vorgang, bei dem Wasser vom flüssigen Aggregatzustand in den gasförmigen übergeht. Es findet keine Stoffumwandlung statt, der Stoff Wasser bleibt erhalten. Es findet keine Teilchenveränderung statt. Zerlegen von Wasser ist eine chemische Reaktion, es findet eine Stoffumwandlung statt, aus Wassermolekülen entstehen Wasserstoffmoleküle und Sauerstoffmoleküle. Die Anordnung und die Art der Teilchen ändern sich.

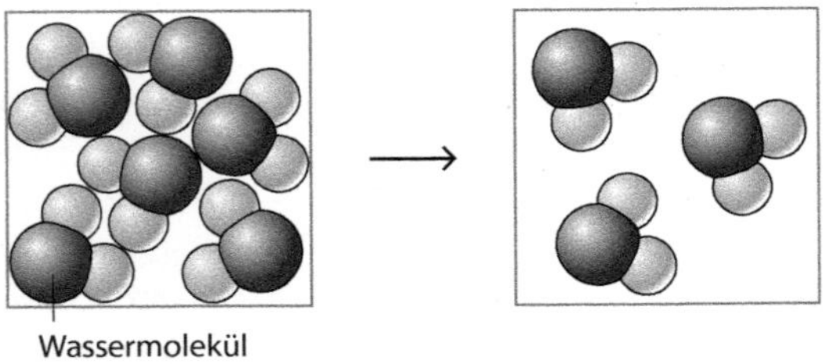

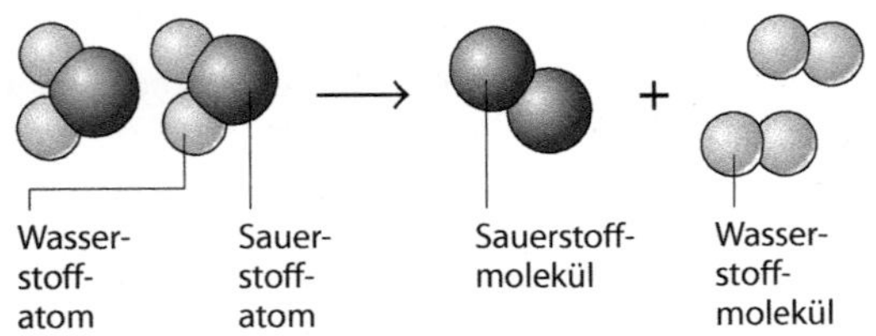

3 Gib die Art der chemischen Bindung im Wassermolekül an.
Elektronenpaarbindung

Seite 112–113: Bau des Wassermoleküls

1 Vergleiche die chemische Bindung im Wasserstoff- und im Wassermolekül.

	Wasserstoffmolekül	Wassermolekül
Gemeinsamkeiten	Elektronenpaarbindung	
Unterschiede	unpolar, zwischen zwei gleichen Atomen	polar, zwischen unterschiedlichen Atomen

2 Erläutere die unterschiedlichen Elektronegativitätswerte für Kohlenstoff und Sauerstoff.
Die Elektronegativität nimmt mit der Kernladung zu und mit der Anzahl der besetzten Elektronenschalen ab. Kohlenstoffatome und Sauerstoffatome besetzen gleich viele Elektronenschalen (2), jedoch hat das Sauerstoffatom (8 Protonen) eine höhere Kernladung als das Kohlenstoffatom (6 Protonen). Aus diesem Grund hat Sauerstoff (EN = 3,5) eine höhere Elektronegativität als Kohlenstoff (EN = 2,5).

3 Begründe, weshalb es für Edelgasatome keine Elektronegativitätswerte gibt (▸ 3).
Die Elektronegativität beschreibt die Anziehungskraft eines Bindungspartners auf gemeinsame Elektronenpaare im Molekül, d. h. wie stark das Elektronenpaar zu dem jeweiligen Atom hingezogen wird. Alle Atome sind bestrebt, die Edelgasregel zu erfüllen und eine vollbesetzte Außenschale zu haben, weil dieser Zustand energetisch besonders stabil ist. Edelgasatome erfüllen bereits ohne Bindungspartner die Oktettregel, weshalb sie praktisch keine Verbindungen eingehen. Für Edelgase können daher auch keine Elektronegativitätswerte ermittelt werden.

4 Im Winter können Wasserrohre bersten, wenn das in ihnen enthaltene Wasser gefriert. Erläutere diesen Sachverhalt.
Gefrorenes Wasser (Eis) bildet aufgrund der Wasserstoffbrücken zwischen den Wassermolekülen ein relativ großmaschiges Gitter. Beim Gefrieren von Wasser nimmt deshalb das Volumen zu, sodass ein mit Wasser gefüllter Gegenstand zerstört werden kann.

Seite 114: Von der chemischen Reaktion zur Reaktionsgleichung

1 Deute die Reaktionsgleichung für die Verbrennung von Schwefel stofflich und teilchenmäßig.
$S (s) + O_2 (g) \rightarrow SO_2 (g)$
Stoffliche Deutung: Schwefel und Sauerstoff reagieren zu Schwefeldioxid.

Teilchenmäßige Deutung: Je 1 Schwefelatom und 1 Sauerstoffmolekül reagieren zu 1 Schwefeldioxidmolekül.

2 Entwickle schrittweise die Reaktionsgleichung für die Verbrennung von Kohlenstoff und deute diese.

1. Wortgleichung:
   Kohlenstoff + Sauerstoff → Kohlenstoffdioxid

2. Einsetzen der chemischen Zeichen:
   $C + O_2 \rightarrow CO_2$

3. Faktoren ermitteln:
   $C + O_2 \rightarrow CO_2$

4. Teilchenanzahl überprüfen

	Ausgangsstoffe	Reaktionsprodukt
Kohlenstoffatome	$1 \cdot 1 = 1$	$1 \cdot 1 = 1$
Sauerstoffatome	$1 \cdot 2 = 2$	$1 \cdot 2 = 2$

5. Reaktionsgleichung:
   $C (s) + O_2 (g) \rightarrow CO_2 (g)$

Stoffliche Deutung: Kohlenstoff und Sauerstoff reagieren zu Kohlenstoffdioxid.
Teilchenmäßige Deutung: Je 1 Kohlenstoffatom und 1 Sauerstoffmolekül reagieren zu 1 Kohlenstoffdioxidmolekül.

3 Begründe, dass Reaktionsgleichungen internationale Arbeits- und Verständigungsmittel sind.
Schriften unterscheiden sich in den verschiedenen Sprachen. Chemische Symbole, Formeln und Reaktionsgleichungen sind dagegen überall gleich. Sie können daher auf der ganzen Welt verstanden werden.

4 Ermittle die fehlenden Faktoren und kontrolliere die Übereinstimmung der Teilchenanzahlen der einzelnen Elemente.

a … Cu + … O_2 → 2 CuO
$2 Cu + O_2 \rightarrow 2 CuO$

b 4 Ag + … O_2 → … Ag_2O
$4 Ag + O_2 \rightarrow 2 Ag_2O$

c … H_2O + … Mg → … MgO + … H_2
$H_2O + Mg \rightarrow MgO + H_2$

d … P + … O_2 → … P_2O_5
$4 P + 5 O_2 \rightarrow 2 P_2O_5$

Seite 118–119: Weitergedacht

Material A: Saurer Sprudel selbst gemacht

1 Gib die Löslichkeit von Kohlenstoffdioxid in Wasser für 0 °C, 10 °C und 20 °C bei 1 bar sowie bei 2, 4 und 6 bar für 10 °C an (► A1).

Temperatur in °C	Druck in bar	Löslichkeit in g/l
0	1	3,2
10	1	2,2
10	2	3,1
10	4	5,0
10	6	6,7
20	1	1,6

Hilfe: x-Achse im Diagramm: Löslichkeit von Kohlenstoffdioxid in g/l. y-Achse: Druck in bar.
Die verschiedenen Kurven im Diagramm stehen für verschiedene Temperaturen.

2 Erkläre, warum beim Öffnen einer Sprudelflasche Kohlenstoffdioxid frei wird.
Durch das Öffnen einer Sprudelflasche wird schlagartig der Druck im Inneren der Flasche verringert. Mit sinkendem Druck wird auch die Löslichkeit von Kohlenstoffdioxid in Wasser geringer, sodass die Lösung bei dem nun geringeren Druck übersättigt ist. In der Folge perlt Kohlenstoffdioxid aus der Lösung aus und wird frei.

Hilfe: Solange die Flasche geschlossen ist, ist der Druck in der Flasche höher als der Luftdruck.

3 Erläutere die Hinweise aus der Bedienungsanleitung (► A2).
Die Löslichkeit von Kohlenstoffdioxid sinkt mit zunehmender Wassertemperatur. Deshalb ist es sinnvoll, möglichst kühles Wasser zu benutzen, da somit mehr Sprudel erzeugt werden kann.
Durch mehrmaliges Betätigen des Dosierknopfs lässt sich mehr Sprudel erzeugen, weil nicht gelöstes Kohlenstoffdioxid den Druck in der Flasche erhöht. Mit steigendem Druck nimmt die Löslichkeit von Kohlenstoffdioxid in Wasser zu, sodass bei erneutem Betätigen der Kohlenstoffdioxidgehalt erhöht wird.
Aus einer geöffneten Flasche entweicht ständig Kohlenstoffdioxid, sodass der Kohlenstoffdioxidgehalt sinkt.

4 Formuliere zwei Sätze zur Abhängigkeit der Löslichkeit von Kohlenstoffdioxid in Wasser. Verwende dabei jeweils die Formulierung „Je ..., desto ...".
Je niedriger die Temperatur, desto höher die Löslichkeit von Kohlenstoffdioxid in Wasser.
Je höher der Druck, desto höher die Löslichkeit von Kohlenstoffdioxid in Wasser.

Material B: Wasser – ein besonderer Stoff

1 Wasser ist eine chemische Verbindung aus den Elementen Wasserstoff und Sauerstoff.
a Gib die Formel von Wasser an und beschreibe seinen Bau.
Formel: H_2O
Das Wassermolekül ist ein gewinkeltes Molekül, das aus einem Sauerstoffatom und zwei Wasserstoffatomen besteht. Der Bindungswinkel beträgt 105°. Zwischen den Wasserstoffatomen und dem Sauerstoffatom besteht jeweils ein gemeinsames Elektronenpaar.

b Erläutere anhand des Wassermoleküls, was man unter einer polaren Elektronenpaarbindung versteht.
Aufgrund der unterschiedlichen Elektronegativitäten von Wasserstoff und Sauerstoff sind die Bindungselektronen der gemeinsamen Elektronenpaare zum Sauerstoffatom hin verschoben. Die Elektronenverteilung ist nicht mehr symmetrisch. Das Sauerstoffatom hat eine negative elektrische Teilladung, die Wasserstoffatome jeweils eine positive elektrische Teilladung.

Hilfe: Die Elektronenpaarbindung ist eine chemische Bindung, bei der zwischen den Atomen gemeinsame Elektronenpaare gebildet werden.
Mithilfe der Elektronnegativität kann die Anziehungskraft eines Atoms auf bindende Elektronenpaare abgeschätzt werden.

2 Wasser ist ein Stoff, der einige ungewöhnliche Eigenschaften hat.
a Nenne zwei Eigenschaften, in denen sich Wasser von vielen anderen Stoffen unterscheidet.
- Dichteanomalie (Dichte von flüssigem Wasser ist größer als von Eis.)
- hohe Oberflächenspannung (Wassertropfen läuft auf der Münze nicht aus.)
- hohe Siedetemperatur (Viele molekulare Stoffe wie Schwefeldioxid, Kohlenstoffdioxid, Sauerstoff und Stickstoff sind bei Raumtemperatur gasförmig.)
- Ablenkung eines Wasserstrahls durch einen geladenen Stab

b Erläutere mithilfe zwischenmolekularer Kräfte, warum das Wasser nicht über den Rand läuft (► B1).
Auch im flüssigen Wasser treten zwischen einzelnen Wassermolekülen Wasserstoffbrückenbindungen auf. Die Wasserstoffbrückenbindungen sind so stark, dass die Moleküle, die den Wassertropfen bilden, verhindern das der Wassertropfen gegen die Schwerkraft über den Rand läuft.

Hilfe: Wassermoleküle sind Dipolmoleküle. Zwischen Wassermolekülen können Wasserstoffbrückenbindungen auftreten. Auch im flüssigen Wasser gibt es Wasserstoffbrückenbindungen zwischen den Molekülen.

Material C: Wasserstoffperoxid im Aquarium

1 Gib die Formel von Wasserstoffperoxid in der Lewis-Schreibweise an (► C1).
$H - \overline{\underline{O}} - \overline{\underline{O}} - H$

2 Formuliere die Reaktionsgleichung für die Zersetzung von Wasserstoffperoxid (► C1).
$2\ H_2O_2\ (l) \rightarrow 2\ H_2O\ (l) + O_2\ (g)$

3 Beschreibe den Aufbau des „Oxidators" für Aquarien (► C3).
In einem Tonbecher befindet sich ein mit der Öffnung nach unten zeigender Kunststoffbecher. Dieser ist mit der Oxidatorlösung (Wasserstoffperoxidlösung) gefüllt. An einer Stelle des Kunststoffbehälters ist der Katalysator befestigt, sodass die Reaktion langsam, aber stetig ablaufen kann. Über eine Auslassöffnung kann der entstehende Sauerstoff entweichen und gelangt im Zwischenraum zwischen der Kunststoffflasche und dem Tonbehälter nach oben. Auf der Kunststoffflasche liegt eine Ballastkugel.

4 Nenne mögliche Beobachtungen, an denen man erkennen kann, dass der „Oxidator" funktioniert.
An der Öffnung zwischen Tonbecher und Ballastkugel entweichen Gasblasen. Die Ballastkugel wird ab und zu kurz nach oben gedrückt.

5 Beschreibe die Bedeutung der Ballastkugel (► C3).
Die Ballastkugel bewirkt, dass der entstehende Sauerstoff durch seine geringe Dichte die Flasche nicht nach oben drückt.

6 Begründe die lange „Lebensdauer" des „Oxidators" (► C2).
Die Reaktion findet nur an der Stelle in der Kunststoffflasche statt, an der die Oxidatorlösung mit dem Katalysator in Kontakt kommt. Erst wenn durch Diffusion weitere Moleküle Wasserstoffperoxid zum Katalysator gelangen,

werden diese unter Sauerstoffbildung zersetzt. Außerdem wird die Reaktion dadurch gehemmt, dass der entstehende Sauerstoff nicht sofort entweichen kann, sondern durch den Druck der Ballastkugel zunächst zurückgehalten wird.

Material D: Wasseranalyse nach Lavoisier

1 Zur Auswertung des Versuches wog LAVOISIER die Eisennägel vor und nach dem Versuch. Beschreibe das zu erwartende Ergebnis beider Messungen und finde eine Erklärung dafür.
Die Eisennägel nach dem Versuch sind schwerer als die Eisennägel vor dem Versuch. Der Wasserdampf hat mit den heißen Eisennägeln reagiert.
Es hat eine chemische Zerlegung von Wasser beim Kontakt mit Eisen stattgefunden. Der Sauerstoff aus dem Wasser wurde während der Reaktion auf das Eisen übertragen, sodass die Masse nach dem Versuch größer sein muss. Bei dem aufgefangenen Gas am Ende des Flintenlaufs muss es sich dann um Wasserstoff gehandelt haben.

Eisen + Wasser → Eisenoxid + Wasserstoff

2 Das austretende Gas fing LAVOISIER auf und untersuchte es. Entwickle einen Vorschlag zum experimentellen Vorgehen. Begründe das zu erwartende Ergebnis.
Das austretende Gas kann pneumatisch aufgefangen werden. Danach kann die Knallgasprobe durchgeführt werden:

$2\ H_2\ (g) + O_2\ (g) \rightarrow 2\ H_2O\ (l)$

3 Entwickle den Aufbau eines Schülerexperiments, mit dem der Versuch von LAVOISIER möglichst einfach durchgeführt werden kann. Plane dabei auch den Nachweis des entstehenden Gases mit ein (▸ D1).
Ein mit Wasser gefülltes Reagenzglas mit seitlichem Ansatz oder ein mit einem durchbohrten Stopfen verschlossener wassergefüllter Erlenmeyerkolben wird mit dem Brenner über einem Drahtnetz erhitzt. Das entstehende Gas wird durch ein mit Eisenspänen gefülltes Verbrennungsrohr geleitet. Die Eisenspäne werden dabei mit einem zweiten Gasbrenner erhitzt. Am anderen Ende des Verbrennungsrohrs ist eine pneumatische Gasauffanganlage angeschlossen.
Bei der Durchführung ist darauf zu achten, dass die Verbindung zwischen Verbrennungsrohr und pneumatischer Wanne vor dem Abschalten der Gasbrenner getrennt wird, damit kein Wasser in das Verbrennungsrohr gezogen wird. Das aufgefangene Gas kann dann mit der Knallgasprobe als Wasserstoff nachgewiesen werden.

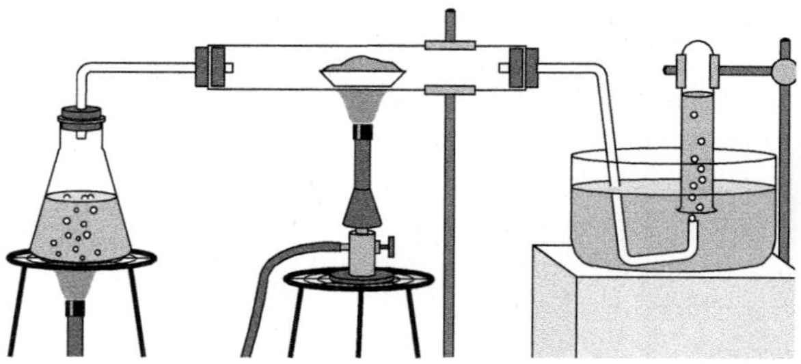

Hilfe: Betrachte die Abbildung im Schulbuch und überlege, welche Geräte/Materialen durch dir bekannte Laborgeräte ersetzt werden können.
Der Versuch lässt sich u.a. mithilfe zweier Bunsenbrenner, eines Erlenmeyerkolbens, eines Verbrennungsrohrs, einer pneumatischen Wanne und eines Reagenzglases durchführen.

Salze – Gegensätze ziehen sich an

Seite 124–125: Kochsalz

1 Beschreibe die Gewinnung von Kochsalz aus Sole als Stofftrennung.
Bei der Gewinnung von Kochsalz aus Sole handelt es sich um eine Stofftrennung: Das Stoffgemisch aus Salz und Wasser wird durch Eindampfen getrennt. Das Lösemittel Wasser verdampft bei 100 °C. Als Rückstand bleibt festes Natriumchlorid (Kochsalz) übrig.

2 Stelle einen Steckbrief für Kochsalz auf. Beschreibe die Beschaffenheit des Stoffes. Entnimm einem Tabellenwerk Angaben zu diesem Stoff.

Kochsalz (Natriumchlorid)

Farbe: farblose Kristalle, in großer Anhäufung weiß
Aggregatzustand bei Raumtemperatur: fest
Geschmack: salzig
Geruch: geruchlos
Verformbarkeit: spröde
Löslichkeit in Wasser: gut (Lösung leitet den elektrischen Strom)
Schmelztemperatur: 800 °C
Siedetemperatur: 1 465 °C
Dichte (bei 25 °C): 2,16 g/cm^3

3 Schätze ab, wie viel Kochsalz du täglich zu dir nimmst. Wiege zum Vergleich 3 g Kochsalz ab.
Offene Aufgabenstellung.
Durchschnittliche Aufnahme von Kochsalz sind ca. 2 bis 3 g täglich. Gesundheitlich unbedenklich ist eine Höchstmenge von 6 g.

4 Im Mittelalter blühten viele Städte durch Salzgewinnung oder Salzhandel auf. In ihrem Namen deuten Silben wie -salz, -sulz, -sol oder auch -hal auf diese Quelle des Wohlstands hin. Suche im Atlas solche Orte im deutschsprachigen Raum.
In Deutschland: Halle (Saale), Hallgarten, Hallstadt, Hallstedt, Bad Reichenhall, Bad Salzungen, Bad Sulza, Bad Salzuflen; in Österreich: Hallein, Hallstatt, Halltal, Bad Hall; in der Schweiz: Hallwill.

5 Salz – wertvoll wie Gold. Ermittle Geschichtliches zum Salzhandel.
Vor Jahrhunderten war Salz eines der wichtigsten Handelsprodukte, das auf „Salzstraßen" quer durch Europa transportiert wurde. Salzsiedereien und Salzhandel spielten für die Entwicklung der Stadt Halle (Saale) eine wichtige Rolle. Halloren (Salzarbeiter) produzierten das Salz. Halle war im 14./15. Jh. marktbeherrschend im Salzhandel und Ausgangspunkt einer Salzstraße. In Rom wurde aus dem Mittelmeer „geerntetes" Salz um 600 v. Chr. auf der *via salaria* nach Norden transportiert. Salz war auch Zahlungsmittel. Marco Polo, der venezianische Handelsreisende, berichtete von in China im 13. Jh. hergestellten Salzmünzen, von denen 80 Stück einer Unze Gold (31,103 g) entsprachen. Afrikanische Stämme tauschten Salz gegen Goldstaub sogar im Verhältnis 1 : 1.

Seite 126–127: Bau von Salzen

1 Beschreibe den Bau von Natriumchlorid anhand eines Modells (► 2). Kennzeichne die chemische Bindung im Natriumchloridkristall.
Natriumchlorid ist aus einfach positiv elektrisch geladenen Natrium-Ionen und einfach negativ elektrisch geladenen Chlorid-Ionen aufgebaut, die im Ionengitter regelmäßig angeordnet sind. Jedes Natrium-Ion ist im Kristall von sechs Chlorid-Ionen umgeben und jedes Chlorid-Ion von sechs Natrium-Ionen. Starke Anziehungskräfte halten diese regelmäßige Anordnung zusammen. Im Natriumchloridkristall sind die Natrium-Ionen und die Chlorid-Ionen durch Ionenbindung chemisch gebunden.

2 Stelle die Verhältnisformel der Verbindungen auf:
a Kaliumfluorid
KF
b Natriumbromid
NaBr
c Calciumsulfid
CaS
d Aluminiumoxid
Al_2O_3

3 Erläutere, warum die kleinste Baueinheit von Aluminiumchlorid immer aus einem Aluminium-Ion und drei Chlorid-Ionen aufgebaut ist.
Aluminium-Ionen sind aufgrund der Oktettregel stets dreifach positiv geladen (Al^{3+}). Chlorid-Ionen sind stets einfach negativ geladen (Cl^-). Um eine elektrisch neutrale Verbindung aus diesen Ionen zu erhalten, muss auf 3 Chlorid-Ionen jeweils 1 Aluminium-Ion kommen.

4 Erkläre, warum eine Natriumchloridlösung elektrische Leitfähigkeit zeigt, destilliertes Wasser nicht.
Destilliertes Wasser ist besonderes reines Wassers, das nur Wassermoleküle und somit keine frei beweglichen Ladungsträger enthält. Destilliertes Wasser zeigt deshalb keine elektrische Leitfähigkeit. In einer Natriumchloridlösung befinden sich sowohl positiv geladene Natrium-Ionen als auch negativ geladene Chlorid-Ionen. Diese frei beweglichen Ladungsträger sorgen für die elektrische Leitfähigkeit der Lösung.

Seite 128–129: Eigenschaften von Salzen

1 Entwickle die Reaktionsgleichung für das Lösen von Magnesiumfluorid.
$MgF_2 (s) \rightarrow Mg^{2+} (aq) + 2 F^- (aq)$

2 Erläutere den Lösevorgang am Beispiel von Kaliumchlorid.
Beim Lösevorgang lagern sich zunächst Wassermoleküle an der Oberfläche der Kaliumchloridkristalle an und überwinden die Kräfte, die die Ionen zusammenhalten. Der Vorgang wiederholt sich, bis die Kaliumchloridkristalle vollständig abgebaut sind. Das ist möglich, weil die elektrisch geladenen Ionen die Wassermoleküle anziehen und sich jeweils mit einer Hülle aus Wassermolekülen umgeben. Bei diesem Vorgang (Hydratation) wird Wärme an die Umgebung abgegeben. Diese Wärme reicht oft aus, um die Ionenbindung im Kristall zu überwinden. Die von einer Hülle aus Wassermolekülen umgebenen hydratisierten Ionen sind in der Lösung frei beweglich.

3 In Dampfbügeleisen soll entsalztes Wasser verwendet werden. Begründe.
Wassertank und Laufsohle des Bügeleisens könnten bei Verwendung von Leitungswasser verkrusten, da dieses Salze enthält. Beim Verdampfen des Wassers bleiben die festen Salze zurück. Es gibt heute Dampfbügeleisen, die normales Leitungswasser verwenden.

Seite 130–131: Bildung von Salzen

1 Entwickle für die Reaktionen von Magnesium bzw. Aluminium mit Chlor jeweils die Reaktionsgleichung. Kennzeichne jeweils den Elektronenübergang.

$Mg \quad + \quad Cl_2 \quad \rightarrow \quad MgCl_2$

Elektronenübergang: 2 e^-

$2 Al \quad + \quad 3 Cl_2 \quad \rightarrow \quad 2 AlCl_3$

Elektronenübergang: 6 e^-

2 Begründe, weshalb sich bei der Reaktion von Magnesium mit Chlor zweifach positiv geladene Magnesium-Ionen und einfach negativ geladene Chlorid-Ionen bilden.
Magnesiumatome besitzen 2 Außenelektronen und Chloratome 7 Außenelektronen. Nach der Oktettregel bilden sich Ionen mit 8 Elektronen auf der Außenschale. Jedes Magnesiumatom überträgt deshalb 2 Elektronen auf jeweils 2 Chloratome.

3 Begründe am Beispiel eines Metalls und eines Nichtmetalls, dass man aus der Stellung eines Elements im Periodensystem auf die Ladung des dazugehörigen Ions schließen kann.
Teilweise offene Aufgabenstellung.
Die Nummer der Hauptgruppe, in der ein Element steht, stimmt mit der Anzahl der Außenelektronen des Atoms überein. Da Ionen die Oktettregel erfüllen, kann man mithilfe der Hauptgruppennummer die Ladung bestimmen.
Bei Metallen entspricht die Hauptgruppennummer der Ladung des Kations, da das Metallatom alle Elektronen der Außenschale abgegeben hat.
Bei Nichtmetallen ergibt sich die negative Ladung des Anions aus der Differenz von Hauptgruppennummer und Acht, da das Nichtmetallatom so viele Elektronen aufnimmt, bis die Außenschale mit acht Elektronen gefüllt ist.

Element	Hauptgruppe	Ladung des Ions
Kalium	1	+1
Magnesium	2	+2
Brom	7	−1
Schwefel	6	−2

Seite 132: Flammenfärbung bei Salzen

1 Erläutere, wie es beim Überkochen des Wassers zum Aufleuchten der Gasflamme kommt.
Wasser zum Kochen von Nudeln oder Kartoffeln ist häufig mit Kochsalz (Natriumchlorid) versetzt. Die so im Kochwasser enthaltenen Natrium-Ionen färben die Gasflamme bei Berührung gelb.

2 Nenne mögliche Stoffe, die eine Rakete enthält, die rote und grüne Leuchteffekte hat.
Teilweise offene Aufgabenstellung.
grün: Salze des Bariums, z. B. Bariumchlorid, Bariumfluorid
rot: Salze von Strontium, Lithium oder Calcium, z. B. Strontiumchlorid, Lithiumfluorid oder Calciumbromid

Seite 133: Chemie erlebt – Feuerwerk

1 Informiere dich im Internet, über die Kennzeichnung von in Deutschland zugelassenen Feuerwerksartikeln.
Feuerwerk in Deutschland ist in der Regel von der Bundesanstalt für Materialforschung (BAM) geprüft und mit einer speziellen Nummer versehen (BAM-XX-XXXX). Zudem ist das Etikett mit dem CE-Zeichen, Gefahrenpiktogrammen und speziellen Anweisungen für den Umgang und der Abgabe (z. B. Altersbeschränkung) versehen.
Fehlen eine oder mehrere dieser Angaben, so sollte der Feuerwerksartikel nicht verwendet werden, da dann auch bei sachgemäßem Umgang große Risiken bestehen.

2 Recherchiere über die Gefahren von Feuerwerk. Diskutiere, warum der Umgang mit Feuerwerk in Deutschland stark eingeschränkt ist.
Mögliche Gefahren: Verbrennungsgefahr bei der Benutzung, Verletzungsgefahr für unbeteiligte Personen aufgrund unsachgemäßer Handhabung oder durch herumfliegende Feuerwerkskörper, Brandgefahr durch Feuerwerk, z. B. beim Aufstellen unter Bäumen oder Benutzung in geschlossenen Räumen.
Von Feuerwerk gehen potenziell viele Gefahren aus, deshalb ist der Umgang in Deutschland stark eingeschränkt. Generell ist die Abgabe von Feuerwerk nur an Personen ab 18 erlaubt. Ihre (private) Nutzung ist in der Regel nur in der Silvesternacht erlaubt. Feuerwerk bei Veranstaltungen (Konzerte, Theater, Jubiläen, etc.) dürfen nur von Personen mit besonderer Sachkunde (Pyrotechniker) durchgeführt werden. Sie müssen für den Brandschutz und die Sicherheit aller beteiligten Personen sorgen.

Seite 136–137: Weitergedacht

Material A: Salze – Helfer im Winterdienst

1 Erläutere den Lösevorgang von wasserfreiem Calciumchlorid (► A2).
Beim Lösevorgang lagern sich die Wassermoleküle an der Oberfläche der Calciumchloridkristalle an und überwinden die Kräfte, die die Ionen zusammenhalten. Der Vorgang wiederholt sich, bis die Calciumchloridkristalle vollständig abgebaut sind. Dabei ziehen die elektrisch geladenen Calcium-Ionen Ca^{2+} und Chlorid-Ionen Cl^- die Wassermoleküle an und umgeben sich jeweils mit einer Hülle aus Wassermolekülen. Bei diesem Vorgang (Hydratation) wird Wärme an die Umgebung abgegeben. Die Messergebnisse belegen das. Der Temperaturanstieg beträgt über 50 °C. Diese Wärme reicht aus, um die Ionenbindung im Calciumchloridkristall zu überwinden. Die hydratisierten Ionen sind in der Lösung frei beweglich.

2 Charakterisiere die Energieumwandlungen, die beim Lösen von wasserhaltigem und wasserfreiem Calciumchlorid stattfinden (► A2).
Beim Lösen von wasserfreiem Calciumchlorid kommt es zu einem Temperaturanstieg von über 50 °C. Es findet eine exotherme Reaktion statt. Ein Teil der chemischen Energie der Ausgangsstoffe wird in thermische Energie umgewandelt und als Wärme an die Umgebung abgegeben. Beim Lösen von wasserhaltigem Calciumchlorid kommt es zu einer starken Abkühlung. Die Temperatur sinkt um über 19 °C. Es findet eine endotherme Reaktion statt. Dabei wird thermische Energie in chemische Energie umgewandelt.

3 Leite aus den Eigenschaften Verwendungsmöglichkeiten des Calciumchlorids ab (► A1, A2).
Wasserhaltiges Calciumchlorid wird für Kältemischungen und als Auftau- und Frostschutzmittel für vereiste Straßen verwendet. Wasserfreies Calciumchlorid wird als Trockenmittel genutzt.

4 Begründe, warum Calciumchlorid als Streusalz geeignet ist (► A1).
Calciumchlorid ist als Streusalz geeignet, weil die Erstarrungstemperatur einer Calciumchloridlösung tiefer liegt als die des Wassers. Vereiste Straßen tauen so auf oder gefrieren nicht.

5 Bewerte den Einsatz von Streusalz im Winter.
Neben den Kosten, die beim Einsatz von Streusalz im Winter anfallen, kann es zu Umweltschäden, z. B. zur Schädigung der Pflanzen am Straßenrand, kommen. Auf der anderen Seite ist es aber auch wichtig, Straßen eisfrei zu halten, um Gefahren für alle Verkehrsteilnehmer zu vermeiden. Der Einsatz von Streusalz sollte deshalb stets sparsam und nur dann erfolgen, wenn andere Maßnahmen, wie z. B. der Einsatz von Räumfahrzeugen, nicht ausreichen.

Material B: Halogenlampen

1 Beschreibe, wie es bei einer Glühlampe ohne Halogenzusatz nach längerer Betriebsdauer zum Lichtverlust kommt (► B1).

Das Leuchten einer Glühlampe entsteht durch das Glühen eines auf 3000 °C erhitzten Wolframdrahts. Bei solchen Temperaturen sublimiert ein Teil des Wolframs, woraufhin der Draht mit der Zeit immer dünner wird und irgendwann bricht. Wenn das Wolfram an der Innenwand der Glühlampe resublimiert, färbt es diese nach und nach schwarz, wodurch ein Teil des Lichts die Innenwand des Kolbens nicht mehr passieren kann.

2 Erläutere mithilfe von ► B2 die Vermeidung der Kolbenschwärzung bei einer Halogenlampe.

Sublimiertes Wolfram reagiert mit Brom zu Wolframbromid, das sich nicht an der Glaswand abscheidet. Das Wolframbromid wird zurück an die Glühwendel transportiert und dort in die Ausgangsstoffe Wolfram und Brom zerlegt. Das Wolfram kann so auch wieder an der Glühwendel resublimieren.

3 Zeige, dass es sich bei der Bildung von Wolframbromid (WBr_2) um eine Reaktion mit Elektronenübergang handelt. Formuliere eine passende Reaktionsgleichung.

Wolfram reagiert in einer chemischen Reaktion mit Brom zu Wolframbromid, dabei gehen von einem Wolframatom jeweils 2 Elektronen auf ein Brommolekül über.

$$W + Br_2 \rightarrow WBr_2$$

Elektronenübergang: 2 e^-

4 Gelegentlich werden Halogenlampen als „selbstheilende Lichtquellen" bezeichnet, da Wolfram sich an der Glühwendel wieder anlagert. Beurteile diese Bezeichnung (► B2).

Im ersten Augenblick erscheint diese Aussage richtig, da die Betriebsdauer von Halogenlampen um bis zu 3-mal länger ist als die von herkömmlichen Glühlampen. Aber auch in diesen Lampen kommt es mit der Zeit zu Abnutzungserscheinungen. Das Wolfram sublimiert an den heißesten Stellen der Glühwendel am stärksten, wird aber nicht unbedingt dort wieder abgeschieden, sodass die Glühwendel irgendwann bricht.

Material C: Elektrolyse von Natriumchlorid

1 Formuliere für die Zerlegung von Natriumchlorid eine entsprechende Reaktionsgleichung (► C1).

$2\,NaCl \rightarrow 2\,Na + Cl_2$ | endotherm

2 Erläutere, warum die Elektrolyse nur mit geschmolzenem Natriumchlorid stattfinden kann.

Natriumchlorid wird mithilfe des elektrischen Stroms zerlegt. Im festen Natriumchlorid werden die Ionen in einem Ionengitter durch Ionenbindung fest zusammengehalten. Sie sind nicht frei beweglich. In der Schmelze ist dieses Ionengitter aufgebrochen. Die Ionen liegen als frei bewegliche Ladungsträger vor und können zu den Elektroden wandern, an denen die eigentlichen Reaktionen stattfinden.

Hilfe: Bei einer Elektrolyse wird ein Stoff mithilfe des elektrischen Stroms zerlegt. Im festen Natriumchlorid halten die Ionen in einem Ionengitter fest zusammen.
Damit ein Stoff elektrische Leitfähigkeit zeigt, müssen in ihm frei bewegliche Ladungsträger vorhanden sein.

Hinweis: Sollte den Schüler die Reaktion von Natrium und Wasser bekannt sein, kann die Aufgabe um den Aspekt erweitert werden, dass die Zerlegung von Natriumchlorid nicht mit der entsprechenden Salzlösung erfolgen kann.

3 Zeige, dass an den beiden Elektroden Elektronenübergänge stattfinden. Skizziere hierzu ein Schalenmodell der dabei ablaufenden Vorgänge (► C3).

An der Graphit-Elektrode findet eine Elektronenabgabe statt: $2\,Cl^- \rightarrow Cl_2 + 2\,e^-$

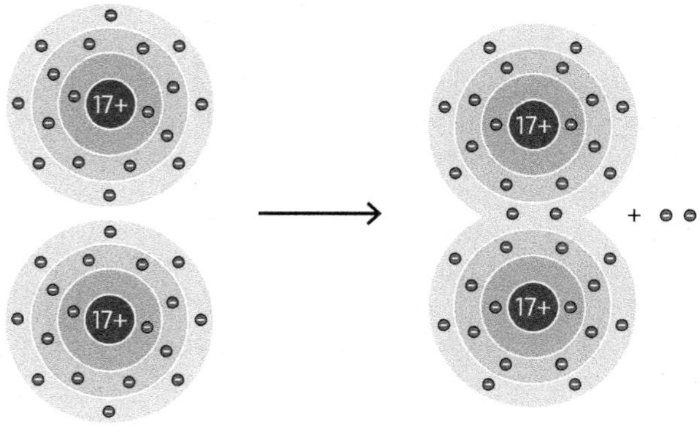

An der Eisen-Elektrode findet eine Elektronenaufnahme statt: $Na^+ + e^- \rightarrow Na$

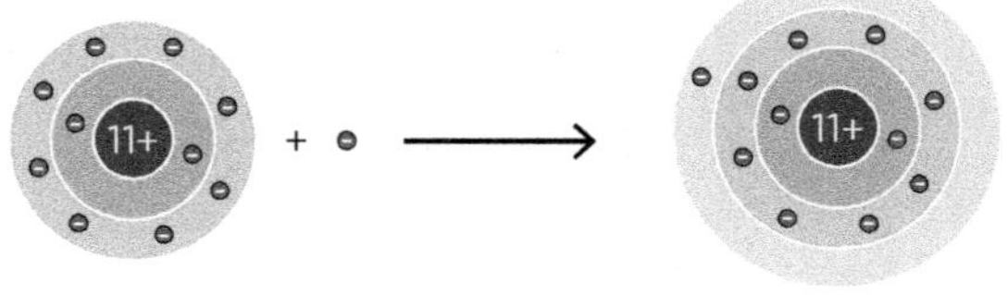

4 Vergleiche die Elektrolyse von Natriumchlorid mit der Reaktion von Natrium mit Chlor auf Teilchenebene (► C2).

Die Elektrolyse von Natriumchlorid zu Natrium und Chlor kann als Umkehrung der Reaktion von Natrium mit Chlor betrachtet werden.

Elektrolyse:
Elektronenaufnahme: $Na^+ + e^- \rightarrow Na$
Elektronenabgabe: $2\ Cl^- \rightarrow Cl_2 + 2\ e^-$

Reaktion von Natrium mit Chlor:
Elektronenaufnahme: $Cl_2 + 2\ e^- \rightarrow 2\ Cl^-$
Elektronenabgabe: $Na \rightarrow Na^+ + e^-$

Bei der Elektrolyse reagieren Natrium-Ionen durch Elektronenaufnahme zu Natriumatomen und Chlorid-Ionen durch Elektronenabgabe zu Chlormolekülen, während bei der Reaktion von Natrium mit Chlor umgekehrt aus Natriumatomen durch Elektronenabgabe Natrium-Ionen werden. Chlormoleküle reagieren durch Elektronenaufnahme zu Chlorid-Ionen.

Bei beiden Reaktionen finden somit Elektronenübergänge statt. Bei der Elektrolyse sind aber Elektronenabgabe und -aufnahme räumlich voneinander getrennt, da diese an den beiden Elektroden stattfinden.

Hilfe: Formuliere jeweils die Elektronenabgabe und -aufnahme für die Elektrolyse von Natriumchlorid und für die Reaktion von Natrium mit Chlor und vergleiche.

5 Erkläre, warum bei der Elektrolyse flüssiges Natrium entsteht und in einer Abdeckung oberhalb der Eisen-Elektrode aufgefangen wird (► C4).

Die Elektrolyse wird mit flüssigem Natriumchlorid durchgeführt. Natriumchlorid schmilzt bei 800 °C.

Festes Natrium schmilzt schon bei 98 °C und liegt deshalb in flüssiger Form vor. Das Natrium steigt auf und muss oberhalb der Eisen-Elektrode aufgefangen werden, da es eine geringere Dichte als Natriumchlorid hat.

Hilfe: Vergleiche die Schmelztemperaturen von Natriumchlorid und Natrium.
Vergleiche die Dichten von Natriumchlorid und Natrium.
Stoffe mit einer geringeren Dichte erfahren einen Auftrieb in Stoffen mit einer höheren Dichte.

6 Natriumchlorid, Natrium und Chlor sind Stoffe, an deren Bau unterschiedliche Teilchen beteiligt sind.

a Vergleiche den Bau der drei Stoffe und ordne ihnen Stoffklassen zu.

Natriumchlorid ist aus elektrisch positiv geladenen Natrium-Ionen und elektrisch negativ geladenen Chlorid-Ionen im Verhältnis 1 : 1 aufgebaut. Im festen Salz werden die Ionen durch Ionenbindung in einem Gitter fest zusammengehalten. Natriumchlorid ist deshalb eine Ionensubstanz.

Natrium ist aus Natriumatomen aufgebaut. Im festen Natrium bilden die Natriumatome große Atomverbände. Natrium ist ein Metall.

Chlor ist aus Molekülen aufgebaut. In einem Chlormolekül halten jeweils zwei Chloratome durch Elektronenpaarbindung fest zusammen. Chlor ist deshalb eine Molekülverbindung.

Hilfe: Benenne die Teilchen (Atome, Ionen, Moleküle), aus denen die drei Stoffe aufgebaut sind. Ordne den Teilchen eine Stoffklasse zu (Metalle, Ionensubstanz oder Molekülverbindung).

b Begründe die Unterschiede in den Schmelz- und Siedetemperaturen mithilfe des Baus der Stoffe.

Die Schmelz- und Siedetemperatur von Natriumchlorid sind sehr hoch, da zwischen den Ionen aufgrund der gegensätzlichen Ladung starke Anziehungskräfte vorliegen. Um die Ionenbindung zu überwinden sind deshalb hohe Temperaturen notwendig.

Im Natrium bilden die Natriumatome einen großen Atomverband. Die Anziehungskräfte zwischen den elektrisch neutralen Atomen sind nicht so groß wie im Natriumchlorid, sodass schon geringe Temperaturen ausreichen, um diese zu überwinden.

Chlor ist wie viele Molekülverbindungen bei Raumtemperatur gasförmig. Zwischen den Chlormolekülen herrschen nur sehr schwache Anziehungskräfte, die schon bei sehr tiefen Temperaturen überwunden werden.

Metalle – Schätze der Erde

Seite 142–143: Metalle – vielseitige Werkstoffe für den Alltag

1 Erstelle eine Übersicht zur Dichte von Eisen, Kupfer, Aluminium, Blei, Magnesium und Zink (Tabellenwerk). Ordne die Metalle in Leicht- und Schwermetalle.
Leichtmetalle (Dichte ϱ in g/cm³): Aluminium (2,70), Magnesium (1,71), Natrium (0,97), Beryllium (1,85)
Schwermetalle (Dichte ϱ in g/cm³): Blei (11,34), Eisen (7,86), Kupfer (8,92), Zink (7,13)

2 Begründe die Verwendungsmöglichkeiten der Metalle mit ihren Eigenschaften (► 6).
Beispiel: Stromkabel werden aus Kupfer hergestellt, da es als Metall den elektrischen Strom leitet. Beim Bau von Flugzeugen und Autos kommt Aluminium zum Einsatz, da es als Leichtmetall gut formbar ist und eine geringe Dichte besitzt.

3 Informiere dich über die Verwendungsmöglichkeiten der Legierungen und begründe mit deren Eigenschaften (► 7).
Offene Aufgabenstellung. Beispiel: Die Legierung Messing wird für Musikinstrumente oder Armaturen verwendet, da Messinginstrumente schöner klingen und die Legierung chemisch beständiger ist.

Seite 145: Bau der Metalle

1 Begründe die Möglichkeit der guten Bearbeitung von Metallen. Entwickle hierzu eine passende Modelldarstellung auf Teilchenebene.
Metalle lassen sich im erwärmten und einige Metalle auch im kalten Zustand biegen, walzen und hämmern. Bei der Verformung gleiten die Metall-Ionen aneinander vorbei. Die positiv elektrisch geladenen Ionen stoßen sich nicht ab, da sie immer vom elektrisch negativ geladenen Elektronengas (frei bewegliche Elektronen) umgeben sind.

Verformbarkeit

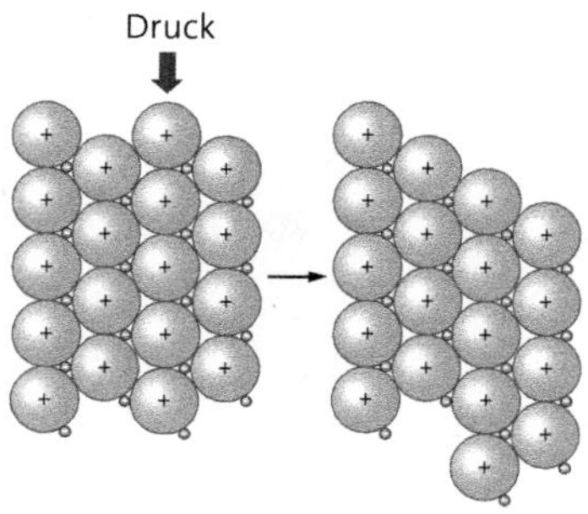

2 Erkläre mithilfe des Elektronengasmodells, warum die elektrische Leitfähigkeit der festen Metalle mit steigender Temperatur geringer wird.
Wenn ein elektrischer Strom an ein Metall angelegt wird, bewegen sich die freien Elektronen (Elektronengas) zwischen den Metall-Ionen vom Minuspol zum Pluspol. Erhitzt man das Metall, schwingen die Ionen stärker. Die freie Beweglichkeit der Elektronen wird dadurch zunehmend eingeschränkt, sodass die Ladungen nicht mehr ungehindert fließen können. Die elektrische Leitfähigkeit verringert sich.

Seite 148–150: Oxidation – Reduktion – Redoxreaktion

1 Vergleiche Oxidation und Reduktion miteinander.
Eine Oxidation ist eine chemische Reaktion, bei der ein Stoff mit Sauerstoff reagiert. Eine Reduktion ist eine chemische Reaktion, bei der einem Stoff Sauerstoff entzogen wird. Bei beiden Reaktionen ist Sauerstoff beteiligt.

2 Kennzeichne Reduktion und Oxidation sowie Oxidations- und Reduktionsmittel für die Reaktion von Kupferoxid (CuO) und Magnesium.

Reduktion (CuO → Cu)

CuO (s) + Mg (s) → Cu (s) + MgO (s)

CuO: Oxidationsmittel; Mg: Reduktionsmittel

Oxidation (Mg → MgO)

3 Formuliere für die Reaktion von Silberoxid mit Aluminium die Wortgleichung. Kennzeichne Reduktion und Oxidation sowie Oxidations- und Reduktionsmittel.

Oxidation (Aluminium → Aluminiumoxid)

Silberoxid (s) + Aluminium (s) → Silber (s) + Aluminiumoxid (s)

Reduktion (Silberoxid → Silber)

Oxidationsmittel: Silberoxid
Reduktionsmittel: Aluminium

Seite 152: Redoxreihe der Metalle

1 Entscheide, ob die Redoxreaktion zwischen diesen Stoffen möglich ist. Formuliere die Reaktionsgleichung.

a Zinkoxid und Magnesium
Möglich, da Magnesium unedler ist als Zink.
$ZnO + Mg \rightarrow Zn + MgO$

b Silberoxid und Eisen
Möglich, da Eisen unedler ist als Silber.
$Ag_2O + Fe \rightarrow 2\ Ag + FeO$

c Kupferoxid und Gold
Nicht möglich, da Gold edler ist als Kupfer.

d Kupferoxid und Natrium
Möglich, da Natrium unedler ist als Kupfer.
$CuO + 2\ Na \rightarrow Cu + Na_2O$

Seite 153: Chemie erlebt – Vom Quarzsand zum Mikrochip

1 Entwickle die Reaktionsgleichung zur Herstellung von Silicium aus Quarzsand und Kohlenpulver.
$SiO_2\ (s) + C\ (s) \rightarrow Si\ (s) + CO_2\ (g)$

2 Beschreibe das Zonenziehverfahren mithilfe der Abbildung.
Beim Zonenziehverfahren wird eine Säule aus Silicium stückweise von unten nach oben aufgeschmolzen. Beim langsamen Abkühlen bildet sich der Siliciumeinkristall, der durch das Verfahren zusätzlich von Fremdstoffen gereinigt wird.

3 Informiere dich über weitere Verwendungsmöglichkeiten des Siliciums.
Silicium ist u. a. Ausgangsstoff für Halbleiterprodukte (Dioden, Transistoren etc.), Mikrochips und Solarzellen.

Seite 154–156: Technisch bedeutsame Redoxreaktionen

1 Kennzeichne in der Reaktionsgleichung für die Reaktion von Eisenoxid (Fe_2O_3) mit Kohlenstoffmonooxid Oxidation und Reduktion und benenne Oxidations- und Reduktionsmittel (▸ 3). (Seite 155)

Reduktion (Fe_2O_3 → Fe)

$Fe_2O_3\ (s) + 3\ CO\ (g) \rightarrow 2\ Fe\ (s) + 3\ CO_2\ (g)$

Fe_2O_3: Oxidationsmittel; 3 CO: Reduktionsmittel

Oxidation (CO → CO_2)

2 Beschreibe die Vorgänge im Hochofen mithilfe des Schemas (▸ 3). (Seite 155)
Die festen Ausgangsstoffe (Eisenerz, Koks und Zuschläge) werden oben in den Hochofen eingefüllt. Hier werden sie durch die heißen gasförmigen Stoffe getrocknet und vorgewärmt, die Gase werden hierdurch abgekühlt. Dann werden die Eisenoxide durch Kohlenstoffmonooxid zu Eisen reduziert, dabei entsteht Kohlenstoffdioxid. Im unteren Bereich des Hochofens reagiert Kohlenstoff mit Kohlenstoffdioxid zu Kohlenstoffmonooxid. Weiterhin bildet sich hier Schlacke und Kohlenstoff löst sich im gebildeten Eisen. Im Bereich der Windzufuhr oxidiert Koks zu Kohlenstoffdioxid. Am Fuß des Hochofens werden flüssige Schlacke und geschmolzenes Eisen abgestochen.

3 Erkläre, warum die Schlacke das Roheisen vor einer Oxidation schützt. (Seite 155)
Schlacke schützt die darunterliegende Schicht aus Roheisen vor Oxidation, da die auf dem Eisen schwimmende Schlackeschicht den Kontakt von Eisen und Luftsauerstoff verhindert.

4 Informiere dich über Eigenschaften und Verwendung von Gusseisen. (Seite 155)
Eigenschaften: gießbar, geringe Bruch- und Schlagfestigkeit, hart, aber spröde
Verwendung: zur Herstellung von Kanaldeckeln, Heizkörpern, Öfen, Röhren, Motorblöcken, Maschinenteilen

1 Begründe, warum das aluminothermische Verfahren besonders zur Herstellung kleiner Stoffportionen geeignet ist. (Seite 156)
Aus der Redoxreihe ist erkennbar, dass Aluminium selbst ein unedles Metall ist. In der Natur kommt es nur in Verbindungen vor. Aluminium muss daher mit einem hohen Energieaufwand gewonnen werden. Nur die Verwendung von kleinen Mengen im aluminothermischen Verfahren ist wirtschaftlich. Des Weiteren sind die Produkte stark verunreinigt und der Reinigungsprozess wäre zu teuer.

2 Formuliere die Reaktionsgleichungen für die aluminothermische Gewinnung von Mangan, Silicium und Chrom aus ihren Oxiden. (Seite 156)

Reduktion

$$3\,MnO_2\,(s) + 4\,Al\,(s) \rightarrow 3\,Mn\,(s) + 2\,Al_2O_3\,(s)$$

Oxidation

Reduktion

$$3\,SiO_2\,(s) + 4\,Al\,(s) \rightarrow 3\,Si\,(s) + 2\,Al_2O_3\,(s)$$

Oxidation

Reduktion

$$Cr_2O_3\,(s) + 2\,Al\,(s) \rightarrow 2\,Cr\,(s) + Al_2O_3\,(s)$$

Oxidation

Seite 157: Chemie erlebt – Stahl

1 Informiere dich über die Entwicklung der Weltstahlproduktion (► 1), z. B. im Internet. Berücksichtige dabei auch Energie- und Umweltaspekte. Stelle die Ergebnisse anschaulich dar.
Offene Aufgabenstellung.
Die Weltstahlproduktion stieg 2013 um weitere 1,2 %. Dabei wird weltweit etwa 30 % des Stahls aus Stahlschrott hergestellt. Dieser Vorgang schont die Umwelt, da jede Tonne Stahl aus Stahlschrott 1,5 t Eisenerz, 0,65 t Kohle und 0,3 t Kalkstein spart sowie 1 t Kohlenstoffdioxid weniger freisetzt. Der Stahl verliert beim Recyceln keine seiner Eigenschaften. Auch Schwellenländer nutzen zunehmend Schrott zur Stahlproduktion, z. B. durch Ankauf aus den Industrieländern.

2 Berechne die Gesamtmasse an Kohlenstoffdioxid, die durch die Roheisenproduktion 2011 entstanden ist. Vergleiche mit der Gesamtemission von Kohlenstoffdioxid für 2011 (30 Billionen Kilogramm).
2011 wurden ca. 1 100 Mio. Tonnen (entspricht 1,1 Billionen Kilogramm) Roheisen hergestellt. Pro Kilogramm Roheisen entstehen 1,8 Kilogramm Kohlenstoffdioxid.
2011 sind durch die Roheisenproduktion 1,98 Billionen Kilogramm Kohlenstoffdioxid entstanden. Das entspricht ca. 6,6 % der globalen Kohlenstoffdioxidemissionen.

$$30 \text{ Bio. kg} \Leftrightarrow 100\,\%$$

$$:30 \qquad\qquad :30$$

$$1 \text{ Bio. kg} \Leftrightarrow \frac{100\,\%}{30}$$

$$\cdot 1{,}98 \qquad\qquad \cdot 1{,}98$$

$$1{,}98 \text{ Bio. kg} \Leftrightarrow \frac{100\,\% \cdot 1{,}98}{30} = \underline{\underline{6{,}6\,\%}}$$

3 Erkunde, welche Auswirkungen der Zusatz von Chrom, Vanadium und Mangan auf die Eigenschaften von Stahl hat.
Der Zusatz von Chrom erhöht die Korrosionsbeständigkeit. Der Zusatz von Vanadium erhöht die Zähigkeit, Härte und Schlag- und Warmfestigkeit. Der Zusatz von Mangan erhöht die Härte und Zähigkeit.

Seite 160–161: Weitergedacht

Material A: Damaszener Stahl

1 Beschreibe den Aufbau eines Rennofens und erläutere die darin ablaufenden Vorgänge (► A1).
Auf einem großen Haufen Holzkohle werden mehrlagig abwechselnd Eisenerz und Holzkohle geschichtet. Wie in einem Kamin gelangt durch eine seitliche Öffnung am unteren Ende Wind/Luft in den Rennofen. Der Rauch entweicht nach oben. Durch den Wind gelangt Sauerstoff in den Ofen, der zuerst mit dem großen Haufen Holzkohle reagiert, um den Ofen anzuheizen. Zwischen dem Eisenerz (Eisenoxid) und der Holzkohle (Kohlenstoff) läuft im Betrieb eine Redoxreaktion ab. Die gebildete Schlacke fließt nach unten ab, während sich das Eisen in Form eines Eisenschwamms auf der Holzkohle sammelt.

2 Vergleiche die historische Herstellung im Rennofen mit einem modernen Hochofen (► A1).
Die Herstellung von Eisen im modernen Hochofen stimmt in vielen Punkten mit der historischen Herstellung im Rennofen überein: Bei beiden Verfahren wird jeweils Eisenerz gemischt mit Holzkohle eingesetzt und der für den Betrieb notwendige Sauerstoff (Wind) von unten in den Ofen geblasen. In modernen Hochöfen wird der Wind al-

lerdings zuvor erhitzt und zudem weitere Stoffe wie Calciumoxid zugegeben. Die gasförmigen Reaktionsprodukte können jeweils am oberen Ende entweichen. Beim Hochofen wird dieses Gas zum Vorheizen des Windes genutzt.
Im Rennofen entsteht ein fester Eisenschwamm und kein flüssiges Eisen, sodass die Temperaturen niedriger sein sollten als im Hochofen. Im Gegensatz zum Roheisen aus dem Hochofen konnte das Eisen direkt geschmiedet werden.
Der Rennofen kann nicht kontinuierlich beschickt werden. Eine erneute Befüllung kann nur erfolgen, wenn der vorhergehende Herstellungsprozess vollständig abgeschlossen ist.

Zusatzinformation: Der Rennofen hatte in etwa eine Temperatur von 1 200 °C, lag also unter dem Schmelzpunkt von Eisen. So schmolz die Schlacke aufgrund von Eisenoxid-Siliciumdioxid-Verbindungen früher und konnte abfließen.

3 Formuliere die Reaktionsgleichungen für die Vorgänge im Rennofen (▸ A1).

$C (s) + O_2 (g) \rightarrow CO_2 (g)$

$CO_2 (g) + C (s) \rightarrow 2\ CO (g)$

$Fe_2O_3 (s) + 3\ CO (g) \rightarrow 2\ Fe (s) + 3\ CO_2 (g)$

4 Damaszener Stahl könnte auch als Verbundstahl bezeichnet werden. Erläutere die Aussage mithilfe des Schemas (▸ A2).

Damaszener Stahl wird aus einem weichen Stahl (geringer Kohlenstoffanteil) und einem harten Stahl (hoher Kohlenstoffanteil) geschmiedet. Im Schmiedeprozess werden diese erhitzt, aufeinandergelegt und über die weichere Seite, die besser zu bearbeiten ist, geschmiedet. Anschließend wird das Produkt zerteilt und erneut in mehreren Lagen übereinandergelegt. Durch das erneute Erhitzen verbinden sich die Lagen und es entstehen somit mehrere Schichten von abwechselnd weicherem und härterem Stahl, die als Verbundstahl bezeichnet werden können.

5 Stelle den Zusammenhang zwischen dem Kohlenstoffanteil im Stahl und den daraus folgenden Eigenschaften tabellarisch dar. Erläutere daraus, warum vor allem Schwerter aus Damaszener Stahl hergestellt wurden (▸ A3).

Kohlenstoffanteil im Stahl	Eigenschaft
hoch	hohe Härte, spröde
niedrig	dehnbar, bearbeitbar
ab 0,5 %	überhaupt härtbar

Beim Damaszener Stahl werden zwei unterschiedliche Stähle miteinander verbunden und ihre Eigenschaften der Härte und Bearbeitbarkeit optimal kombiniert. Der weiche Stahl sorgt für die Schmiedbarkeit, Formbarkeit und hinterher für eine verringerte Spröde der Klinge. Der harte Stahl sorgt für die Härte der Klinge. Die Kombination dieser Eigenschaften ist ideal für ein Schwert.

Material B: Unbekannte Metalle identifizieren

1 Gib die Eigenschaften an, die zur eindeutigen Kennzeichnung der unbekannten Metallproben geeignet sein könnten.

Messbare Stoffeigenschaften wie die Schmelz- und Siedetemperatur oder die Dichte sind geeignet, die Metallproben eindeutig zu identifizieren.

2 Überlege, ob du die Aufgabe mithilfe eines Experiments lösen kannst:

a Entscheide, welche Eigenschaft der Metalle du mit den zur Verfügung stehenden Geräten experimentell bestimmen kannst. Begründe deine Auswahl. Nutze dazu Tabelle ▸ B2.

Die Schmelztemperaturen sind mit 660 °C (Aluminium) und 1 538 °C (Eisen) verhältnismäßig hoch. Für die experimentelle Unterscheidung mit den gegebenen Geräten eignet sich die Bestimmung der Dichte.

Hilfe: Dichte, Schmelz- und Siedetemperatur sind messbare Stoffeigenschaften.
Metalle haben in der Regel sehr hohe Schmelz- und Siedetemperatur, die sich mit „normalen" Thermometern nicht erfassen lassen.
Mit einem Messzylinder und einer Waage kann die Dichte bestimmt werden.

b Wähle Geräte aus, mit denen du das Experiment durchführen würdest (▸ B3). Skizziere den Versuchsaufbau.

Benötigte Geräte: Waage, Messzylinder, Spatellöffel

Hilfe: Mit einem Messzylinder und einer Waage kann die Dichte bestimmt werden.

c Beschreibe die Durchführung des Experiments und gib die Ergebnisse an, die du mit diesem Experiment ermitteln kannst.

Ich benötige eine Stoffprobe vom jeweiligen Gegenstand, die in den Messzylinder passen muss. Als erstes ermittle ich die Masse meiner Stoffproben. Im zweiten Schritt fülle ich genau 50 ml Wasser in den Standzylinder und gebe die Stoffprobe hinzu. Jetzt lese ich den Wasserstand ab und ermittle so die Volumendifferenz. Nun berechne ich die Dichte und vergleiche diese mit den Tabellenwerten.

Hilfe: Die Dichte ist der Quotient aus Masse und Volumen einer Stoffportion
Mit der Waage lassen sich Massen bestimmen. Mit dem Messzylinder lässt sich das Volumen einer Stoffportion durch Flüssigkeitsverdrängung bestimmen.

d Gib an, wie sich mithilfe der Versuchsergebnisse die Metalle eindeutig identifizieren lassen.
Individuelle Lösungen, z. B. mithilfe der Dichte:
Red-Bull®-Dose 2,7 g/cm^3 (Aluminium)
Cola-Dose 7,5 g/cm^3 (Verzinntes Stahlblech (Eisen))
Teelichthülse 2,7 g/cm^3 (Aluminium)
Kleiderbügel 7,9 g/cm^3 (Verzinkter Stahl (Eisen))

3 Beim Trennen von metallhaltigem Müll wird ein anderes Verfahren angewendet, das mit den in Bild ► B3 dargestellten Geräten nicht durchführbar ist. Gib die zum Trennen genutzte Eigenschaft an und beschreibe das Verfahren.
Das Verfahren ist die Magnettrennung: Ein großer Elektromagnet wird über eisenhaltigen Müll bewegt. Aufgrund der magnetischen Eigenschaften der eisenhaltigen Wertstoffe haften sie am Elektromagneten. Der nicht-eisenhaltige Müll verbleibt auf dem Förderband. Auf diese Weise wird eisenhaltiger von nicht-eisenhaltigem Müll getrennt.

Hilfe: Beim Trennen von metallhaltigem Müll ist wichtig, eisenhaltige Metalle (Schrott) von anderen zu trennen.
Eisen und Stahl sind magnetisierbar.

Quantitative Betrachtungen

Seite 164–166: Vom Massenverhältnis zur Formel

1 Schreibe die Formeln für folgende Verbindungen:
a 2 Kupferteilchen, verbunden mit 1 Sauerstoffteilchen
Cu_2O

b 1 Kupferteilchen, verbunden mit 1 Sauerstoffteilchen
CuO

c 2 Aluminiumteilchen, verbunden mit 3 Sauerstoffteilchen
Al_2O_3

d 1 Zinkteilchen, verbunden mit 1 Schwefelteilchen
ZnS

2 Bestimme das Teilchenanzahlverhältnis in folgenden Verbindungen mithilfe der Formeln:
Fe_2O_3, PbO_2, Cu_2S, SnO_2, CO.
Fe_2O_3: $N(\text{Fe}) : N(\text{O}) = 2:3$
PbO_2: $N(\text{Pb}) : N(\text{O}) = 1:2$
Cu_2S: $N(\text{Cu}) : N(\text{S}) = 2:1$
SnO_2: $N(\text{Sn}) : N(\text{O}) = 1:2$
CO: $N(\text{C}) : N(\text{O}) = 1:1$

3 Begründe, dass man aus Verhältnisformeln für Verbindungen fester Stoffe nicht ableiten kann, wie viele Teilchen der Elemente der Stoff enthält.
Die Verhältnisformel gibt an, in welchem Zahlenverhältnis die Teilchen in der Verbindung vorliegen. Die Anzahl der Teilchen ist von der jeweiligen Masse der Stoffportion abhängig.

4 Berechne aus den Massenverhältnissen das jeweilige Teilchenanzahlverhältnis und die Verhältnisformel der Verbindung:

a $\dfrac{\boldsymbol{m}\textbf{(Kohlenstoff)}}{\boldsymbol{m}\textbf{(Sauerstoff)}} = \dfrac{\textbf{3 g}}{\textbf{8 g}}$

$$\frac{N(\text{C})}{N(\text{O})} = \frac{m(\text{C}) \cdot m_a(1\ \text{O})}{m_a(1\ \text{C}) \cdot m(\text{O})} = \frac{3\ \text{g} \cdot 16\ \text{u}}{12\ \text{u} \cdot 8\ \text{g}} = \frac{1}{2}$$

Die Verhältnisformel ist CO_2.

b $\dfrac{\boldsymbol{m}\textbf{(Magnesium)}}{\boldsymbol{m}\textbf{(Schwefel)}} = \dfrac{\textbf{3 g}}{\textbf{4 g}}$

$$\frac{N(\text{Mg})}{N(\text{S})} = \frac{m(\text{Mg}) \cdot m_a(1\ \text{S})}{m_a(1\ \text{Mg}) \cdot m(\text{S})} = \frac{3\ \text{g} \cdot 32\ \text{u}}{24\ \text{u} \cdot 4\ \text{g}} = \frac{1}{1}$$

Die Verhältnisformel ist MgS.

c $\dfrac{\boldsymbol{m}\textbf{(Wasserstoff)}}{\boldsymbol{m}\textbf{(Sauerstoff)}} = \dfrac{\textbf{1 g}}{\textbf{8 g}}$

$$\frac{N(\text{H})}{N(\text{O})} = \frac{m(\text{H}) \cdot m_a(1\ \text{O})}{m_a(1\ \text{H}) \cdot m(\text{O})} = \frac{1\ \text{g} \cdot 16\ \text{u}}{1\ \text{u} \cdot 8\ \text{g}} = \frac{2}{1}$$

Die Verhältnisformel ist H_2O.

Seite 168: Stoffmenge

1 Berechne aus der Teilchenanzahl die Stoffmenge.
a $N(\text{Cu}) = 7{,}5 \cdot 10^{23}$

$$n(\text{Cu}) = \frac{N(\text{Cu})}{N_A} = \frac{7{,}5 \cdot 10^{23}}{6{,}0 \cdot 10^{23}\ 1/\text{mol}} = 1{,}25\ \text{mol}$$

b $N(\text{S}) = 2{,}4 \cdot 10^{23}$

$$n(\text{S}) = \frac{N(\text{S})}{N_A} = \frac{2{,}4 \cdot 10^{23}}{6{,}0 \cdot 10^{23}\ 1/\text{mol}} = 0{,}4\ \text{mol}$$

c $N(\text{Mg}) = 3 \cdot 10^{22}$

$$n(\text{Mg}) = \frac{N(\text{Mg})}{N_A} = \frac{3 \cdot 10^{22}}{6{,}0 \cdot 10^{23}\ 1/\text{mol}} = 0{,}05\ \text{mol}$$

2 Berechne aus der Stoffmenge die Teilchenanzahl.
a $n(H_2O) = 3$ mol

$$\begin{aligned} N(H_2O) &= N_A \cdot n(H_2O) \\ &= 6{,}0 \cdot 10^{23}\ 1/\text{mol} \cdot 3\ \text{mol} \\ &= 18{,}0 \cdot 10^{23} = 1{,}8 \cdot 10^{24} \end{aligned}$$

b $n(\text{C}) = 0{,}02$ mol

$$\begin{aligned} N(\text{C}) &= N_A \cdot n(\text{C}) \\ &= 6{,}0 \cdot 10^{23}\ 1/\text{mol} \cdot 0{,}02\ \text{mol} \\ &= 0{,}12 \cdot 10^{23} = 1{,}2 \cdot 10^{22} \end{aligned}$$

c $n(O_2) = 4{,}25$ mmol

$$\begin{aligned} N(O_2) &= N_A \cdot n(O_2) \\ &= 6{,}0 \cdot 10^{23}\ 1/\text{mol} \cdot 0{,}00425\ \text{mol} \\ &= 0{,}0255 \cdot 10^{23} = 2{,}55 \cdot 10^{21} \end{aligned}$$

Seite 169: Chemie erlebt – Wie viel Metall aus einem Erz?

1 Zink, Kupfer und Aluminium sind neben Eisen wichtige in Deutschland hergestellte Metalle. Informiere dich im Internet über:
a dafür erforderliche Erze
b die Jahresproduktionsmenge an Metallen
c Standorte der Metall erzeugenden Betriebe

Zinkerze: Bedeutsam sind Zinksulfide (ZnS als Sphalerit oder Wurtzit) und Zinkcarbonate ($ZnCO_3$ als Zinkspat). Größte Vorkommen: Kanada, USA, Australien, Osteuropa, Peru, Mexiko, Japan, Südafrika, Kongo, Polen, Schweden, Griechenland und Großbritannien. Weltjahresproduktion an Zink: etwa 6 Millionen Tonnen.

Kupfererze: Chalkopyrit (Kupferkies: $CuFeS_2$), Chalkosin (Kupferglanz: Cu_2S). Größte Vorkommen: Chile, USA, Russland, Sambia, Kanada und Peru. Weltjahresproduktion an Kupfer: etwa 14 Millionen Tonnen.

Aluminiumerze: Bauxit (Mischung verschiedener Aluminiumoxide/-hydroxide mit Verunreinigungen von Fe_2O_3, FeO(OH) und TiO_2). Größte Vorkommen: Australien, Westafrika, Brasilien und Jamaika. Weltjahresproduktion an Aluminium: etwa 20 Millionen Tonnen.

2 Aus Pyrit können durch Reaktion mit Sauerstoff Eisenoxid (Fe_2O_3) und Schwefeldioxid gewonnen werden. Das Schwefeldioxid dient zur Gewinnung von Schwefelsäure, das Eisenoxid zur Gewinnung von Roheisen.
a Entwickle für die Reaktionen von Pyrit und Eisenoxid jeweils die Reaktionsgleichungen.

Rösten von Pyrit:

$4\,FeS_2\,(s) + 11\,O_2\,(g) \rightarrow 2\,Fe_2O_3\,(s) + 8\,SO_2\,(g)$

Reduktion von Eisenoxid:

$2\,Fe_2O_3\,(s) + 3\,C\,(s) \rightarrow 4\,Fe\,(s) + 3\,CO_2\,(g)$

b Deute die Reaktionsgleichungen stofflich und teilchenmäßig.

Rösten von Pyrit:

Stoffliche Deutung: Pyrit reagiert mit Sauerstoff zu Eisenoxid und Schwefeldioxid.

Teilchenmäßige Deutung: 4 Baueinheiten Pyrit reagieren mit 11 Sauerstoffmolekülen zu zwei Baueinheiten Eisenoxid und 8 Schwefeldioxidmolekülen.

Reduktion von Eisenoxid:

Stoffliche Deutung: Eisenoxid reagiert mit Kohlenstoff zu Eisen und Kohlenstoffdioxid.

Teilchenmäßige Deutung: 2 Baueinheiten Eisenoxid reagieren mit 3 Kohlenstoffatomen zu 4 Eisenatomen und 3 Kohlenstoffdioxidmolekülen.

Seite 170–171: Molare Masse

1 Ermittle mithilfe von Tabellen die molare Masse von Glucose ($C_6H_{12}O_6$).

$$\begin{aligned} M(C_6H_{12}O_6) &= 6 \cdot M(1\,C) + 12 \cdot M(1\,H) + 6 \cdot M(1\,O) \\ &= 6 \cdot 12\,g/mol + 12 \cdot 1\,g/mol + 6 \cdot 16\,g/mol \\ &= \underline{\underline{180\,g/mol}} \end{aligned}$$

2 Berechne die jeweilige Masse und die jeweilige Stoffmenge der Stoffportion bei gegebener Teilchenanzahl.

a $N(He) = 12 \cdot 10^{23}$

$$n(\text{Helium}) = \frac{N(He)}{N_A} = \frac{12 \cdot 10^{23}}{6{,}0 \cdot 10^{23}\,1/mol} = \underline{\underline{2\,mol}}$$

$$\begin{aligned} m(\text{Helium}) &= n(\text{Helium}) \cdot M(\text{Helium}) \\ &= 2\,mol \cdot 4\,g/mol \\ &= \underline{\underline{8\,g}} \end{aligned}$$

b $N(Cl_2) = 1{,}5 \cdot 10^{23}$

$$n(\text{Chlor}) = \frac{N(Cl_2)}{N_A} = \frac{1{,}5 \cdot 10^{23}}{6{,}0 \cdot 10^{23}\,1/mol} = \underline{\underline{0{,}25\,mol}}$$

$$\begin{aligned} m(\text{Chlor}) &= n(\text{Chlor}) \cdot M(\text{Chlor}) \\ &= 0{,}25\,mol \cdot 71\,g/mol \\ &= \underline{\underline{17{,}75\,g}} \end{aligned}$$

c $N(CO_2) = 18 \cdot 10^{23}$

$$n(CO_2) = \frac{N(CO_2)}{N_A} = \frac{18 \cdot 10^{23}}{6{,}0 \cdot 10^{23}\,1/mol} = \underline{\underline{3\,mol}}$$

$$\begin{aligned} m(CO_2) &= n(CO_2) \cdot M(CO_2) \\ &= 3\,mol \cdot 44\,g/mol \\ &= \underline{\underline{132\,g}} \end{aligned}$$

d $N(SO_2) = 3 \cdot 10^{23}$

$$n(SO_2) = \frac{N(SO_2)}{N_A} = \frac{3 \cdot 10^{23}}{6{,}0 \cdot 10^{23}\,1/mol} = \underline{\underline{0{,}5\,mol}}$$

$$\begin{aligned} m(SO_2) &= n(SO_2) \cdot M(SO_2) \\ &= 0{,}5\,mol \cdot 64\,g/mol \\ &= \underline{\underline{32\,g}} \end{aligned}$$

3 Berechne die Stoffmenge und die Anzahl der Moleküle in einer Sauerstoffportion mit $m(O_2) = 48$ g.

$$n(O_2) = \frac{m(O_2)}{M(O_2)} = \frac{48\,g}{32\,g/mol} = \underline{\underline{1{,}5\,mol}}$$

$$\begin{aligned} N(O_2) &= n(O_2) \cdot N_A = 1{,}5\,mol \cdot 6{,}0 \cdot 10^{23}\,1/mol \\ &= \underline{\underline{9{,}0 \cdot 10^{23}}} \end{aligned}$$

4 Berechne die Stoffmenge, die in einer Stoffportion Eisen mit $m(Fe) = 84$ g enthalten ist.

$$n(Fe) = \frac{m(Fe)}{M(Fe)} = \frac{84\,g}{56\,g/mol} = \underline{\underline{1{,}5\,mol}}$$

5 Berechne, die Stoffmenge und Teilchenanzahl von Zucker ($C_{12}H_{22}O_{11}$) in einem Liter Cola [β(Zucker) = 106 g/l].

1 Liter Cola enthält 106 g Zucker.

$$n(C_{12}H_{22}O_{11}) = \frac{m(C_{12}H_{22}O_{11})}{M(C_{12}H_{22}O_{11})} = \frac{106\text{ g}}{342\text{ g/mol}} = \underline{\underline{0{,}310\text{ mol}}}$$

$$N(C_{12}H_{22}O_{11}) = n(C_{12}H_{22}O_{11}) \cdot N_A = 0{,}310\text{ mol} \cdot 6{,}0 \cdot 10^{23}\text{ 1/mol} = \underline{\underline{1{,}86 \cdot 10^{23}}}$$

6 Die Chemielehrerin einer Schule wird 60 Jahre alt. Die Schüler beschließen, ihr für jede Tausendstelsekunde ihres Lebens 1 Milliarde Goldatome zu schenken. Berechne, wie viel Geld die Schüler bei einem Goldpreis von 10 Euro je Gramm sammeln müssen.

1 Jahr hat 365 Tage mit 24 Stunden zu 3600 Sekunden. Für jede Tausendstelsekunde erhält die Lehrerin 1 Milliarde Goldatome. Das sind insgesamt (ohne Berücksichtigung möglicher Schaltjahre):

$$N(Au) = 60 \cdot 365 \cdot 24 \cdot 3600 \cdot 1000 \cdot 1000000000 = 1892160000000000000000 = 1{,}89 \cdot 10^{21}$$

$$m(Au) = \frac{N(Au)}{N_A} \cdot M(Au) = \frac{1{,}89 \cdot 10^{21}}{6{,}0 \cdot 10^{23}\text{ 1/mol}} \cdot 197\text{ g/mol} = 0{,}62\text{ g}$$

Berechnung Geld:

$0{,}62\text{ g} \cdot 10\text{ Euro/g} = \underline{\underline{6{,}20\text{ Euro}}}$

Die Schüler müssen 6,20 Euro einsammeln.

7 Berechne die Stoffmenge und die Teilchenanzahl in einer 2 g schweren Goldmünze.

Gegeben: $m(Au) = 2$ g; $M(Au) = 197$ g/mol;
$N_A = 6{,}0 \cdot 10^{23}$ 1/mol

Gesucht: $n(Au)$, $N(Au)$

Lösung:

$$n(Au) = \frac{m(Au)}{M(Au)} = \frac{2\text{ g}}{197\text{ g/mol}} = 0{,}01\text{ mol}$$

$$N(Au) = N_A \cdot n(Au) = 6{,}0 \cdot 10^{23}\text{ 1/mol} \cdot 0{,}01\text{ mol} = 6{,}0 \cdot 10^{21}$$

Antwort: Die Stoffmenge der Goldmünze beträgt 0,01 mol. Das entspricht $6{,}0 \cdot 10^{21}$ Goldatomen.

Seite 172–173: Massenberechnung bei chemischen Reaktionen

1 Entwickle die Reaktionsgleichung für die Reaktion von Stickstoff mit Sauerstoff zu Stickstoffdioxid. Leite aus der Gleichung alle möglichen quantitativen Aussagen ab.

$N_2\text{ (g)} + 2\ O_2\text{ (g)} \rightarrow 2\ NO_2\text{ (g)}$

1 Stickstoffmolekül reagiert mit 2 Sauerstoffmolekülen zu 2 Stickstoffdioxidmolekülen.

$6 \cdot 10^{23}$ Stickstoffmoleküle reagieren mit $12 \cdot 10^{23}$ Sauerstoffmolekülen zu $6 \cdot 10^{23}$ Stickstoffdioxidmolekülen.

1 mol Stickstoff reagiert mit 2 mol Sauerstoff zu 2 mol Stickstoffdioxid.

28 g Stickstoff reagieren mit 64 g Sauerstoff zu 92 g Stickstoffdioxid.

Das Teilchenanzahlverhältnis (= Stoffmengenverhältnis) beträgt $N_2 : O_2 : NO_2 = 1:2:2$.

2 Berechne die Massenverhältnisse der Elemente in folgenden Verbindungen: Aluminiumoxid, Diphosphorpentaoxid, Calciumoxid, Schwefeldioxid.

Al_2O_3: $\frac{m(\text{Aluminium})}{m(\text{Sauerstoff})} = \frac{2 \cdot 27\text{ g}}{3 \cdot 16\text{ g}} = \frac{9\text{ g}}{8\text{ g}}$

P_2O_5: $\frac{m(\text{Phosphor})}{m(\text{Sauerstoff})} = \frac{2 \cdot 31\text{ g}}{5 \cdot 16\text{ g}} = \frac{31\text{ g}}{40\text{ g}}$

CaO: $\frac{m(\text{Calcium})}{m(\text{Sauerstoff})} = \frac{1 \cdot 40\text{ g}}{1 \cdot 16\text{ g}} = \frac{5\text{ g}}{2\text{ g}}$

SO_2: $\frac{m(\text{Schwefel})}{m(\text{Sauerstoff})} = \frac{1 \cdot 32\text{ g}}{2 \cdot 16\text{ g}} = \frac{1\text{ g}}{1\text{ g}}$

3 Berechne die Masse der Elemente, die zur Herstellung von 83 g Magnesiumoxid benötigt werden.

Gegeben: $m(MgO) = 83$ g; $M(MgO) = 40$ g/mol;
$M(Mg) = 24$ g/mol

Gesucht: $m(Mg)$; $m(O_2)$

Lösung: $2\ Mg + O_2 \rightarrow 2\ MgO$

Daraus folgt $n(Mg) = 2$ mol und $n(MgO) = 2$ mol.

$$\frac{m(Mg)}{m(MgO)} = \frac{n(Mg) \cdot M(Mg)}{n(MgO) \cdot M(MgO)}$$

$$m(Mg) = \frac{n(Mg) \cdot M(Mg)}{n(MgO) \cdot M(MgO)} \cdot m(MgO) = \frac{2\text{ mol} \cdot 24\text{ g/mol}}{2\text{ mol} \cdot 40\text{ g/mol}} \cdot 83\text{ g} = \underline{\underline{49{,}8\text{ g}}}$$

$$m(O_2) = m(MgO) - m(Mg) = 83\text{ g} - 49{,}8\text{ g} = \underline{\underline{33{,}2\text{ g}}}$$

Antwort: Für die Synthese von 83 g Magnesiumoxid ist eine Masse von 49,8 g Magnesium und 33,2 g Sauerstoff erforderlich.

4 Ein Heizkraftwerk verbrennt schwefelhaltige Kohle. Dabei entstehen täglich 212 kg Schwefeldioxid. Berechne die Masse an Schwefel, die in der Kohle enthalten ist.

Gegeben: $m(SO_2) = 212$ kg; $M(SO_2) = 64$ g/mol;
$M(S) = 32$ g/mol

Gesucht: $m(S)$

Lösung:

$S + O_2 \rightarrow SO_2$

Daraus folgt $n(S) = 1$ mol und $n(SO_2) = 1$ mol.

$$\frac{m(S)}{m(SO_2)} = \frac{n(S) \cdot M(S)}{n(SO_2) \cdot M(SO_2)}$$

$$m(S) = \frac{n(S) \cdot M(S)}{n(SO_2) \cdot M(SO_2)} \cdot m(SO_2)$$

$$= \frac{1 \text{ mol} \cdot 32 \text{ g/mol}}{1 \text{ mol} \cdot 64 \text{ g/mol}} \cdot 212 \text{ kg}$$

$$= \underline{\underline{106 \text{ kg}}}$$

Antwort: In der Kohle ist eine Masse von 106 kg Schwefel enthalten.

5 1 mol Schwefel und 1 mol Sauerstoff reagieren zu 1 mol Schwefeldioxid. Ein Schüler folgert daraus, dass 10 g Schwefel mit 10 g Sauerstoff zu 20 g Schwefeldioxid reagieren. Überprüfe, ob die Folgerung richtig ist.

Die Folgerung ist in diesem Fall korrekt, da für Schwefeldioxid das Massenverhältnis 1 : 1 beträgt.

$$\frac{m(\text{Schwefel})}{m(\text{Sauerstoff})} = \frac{1 \cdot 32 \text{ g}}{2 \cdot 16 \text{ g}} = \frac{10 \text{ g}}{10 \text{ g}}$$

6 Eine Stoffportion von 160 g Magnesium reagiert in einer Redoxreaktion mit Kohlenstoffdioxid zu Magnesiumoxid und Kohlenstoff.

a Berechne die Anzahl der Magnesiumatome in der Stoffportion.

$$N(Mg) = n(Mg) \cdot N_A = \frac{m(Mg)}{M(Mg)} \cdot N_A$$

$$= \frac{160 \text{ g}}{24 \text{ g/mol}} \cdot 6{,}0 \cdot 10^{23} \text{ 1/mol}$$

$$= \underline{\underline{4{,}0 \cdot 10^{24}}}$$

In der Stoffportion befinden sich $4{,}0 \cdot 10^{24}$ Magnesiumatome.

b Gib die Stoffmenge an Magnesium an.

$$n(Mg) = \frac{m(Mg)}{M(Mg)} = \frac{160 \text{ g}}{24 \text{ g/mol}} = \underline{\underline{6{,}67 \text{ mol}}}$$

Die Stoffmenge an Magnesium beträgt 6,67 mol.

c Berechne die entstehende Masse an Magnesiumoxid, wenn das Magnesium vollständig mit Kohlenstoffdioxid reagiert.

Gegeben: $m(Mg) = 160$ g; $M(Mg) = 24$ g/mol;
$M(MgO) = 40$ g/mol

Gesucht: $m(MgO)$

Lösung:

$2\,Mg + CO_2 \rightarrow 2\,MgO + C$

Daraus folgt $n(Mg) = 2$ mol und $n(MgO) = 2$ mol.

$$\frac{m(MgO)}{m(Mg)} = \frac{n(MgO) \cdot M(MgO)}{n(Mg) \cdot M(Mg)}$$

$$m(MgO) = \frac{n(MgO) \cdot M(MgO)}{n(Mg) \cdot M(Mg)} \cdot m(Mg)$$

$$= \frac{2 \text{ mol} \cdot 40 \text{ g/mol}}{2 \text{ mol} \cdot 24 \text{ g/mol}} \cdot 160 \text{ g}$$

$$= \underline{\underline{266{,}67 \text{ g}}}$$

Bei der Reaktion entstehen 266,67 g Magnesiumoxid.

Seite 176–177: Weitergedacht

Material A: Kanaldeckel aus Eisen

1 Beschreibe die chemische Reaktion der Umsetzung von Roteisenstein zu Eisen in einem Hochofen.

Der Roteisenstein reagiert im Hochofen mit Kohlenstoffmonooxid zu elementarem Eisen. Dabei entsteht Kohlenstoffdioxid.

$Fe_2O_3\ (s) + 3\ CO\ (g) \rightarrow 2\ Fe\ (s) + 3\ CO_2\ (g)$

2 Erläutere die Begriffe Stoffmenge und molare Masse.

Die Stoffmenge gibt die Teilchenanzahl in einer Stoffportion in mol an, wobei 1 mol für $6 \cdot 10^{23}$ Teilchen steht. Die molare Masse eines Stoffes ist die Masse einer Stoffportion, in der genau 1 mol Teilchen enthalten ist.

3 Berechne für diesen Kanaldeckel die Stoffmenge und die Teilchenanzahl an Eisen (► A1).

Gegeben: $m(Fe) = 62$ kg $= 62\,000$ g; $M(Fe) = 56$ g/mol;
$N_A = 6 \cdot 10^{23}$ 1/mol

Gesucht: $n(Fe)$; $N(Fe)$

Lösung: $n(Fe) = \frac{m(Fe)}{M(Fe)} = \frac{62\,000 \text{ g}}{56 \text{ g/mol}} = \underline{\underline{1\,107 \text{ mol}}}$

$N(Fe) = n(Fe) \cdot N_A = 1\,107 \text{ mol} \cdot 6{,}0 \cdot 10^{23} \text{ 1/mol} = \underline{\underline{6{,}6 \cdot 10^{26}}}$

Antwort: Der Kanaldeckel besteht aus 1 107 mol bzw. $6{,}6 \cdot 10^{26}$ Eisenatomen.

Hilfe: Notiere zuerst gegebene und gesuchte Größen.
Wende die Formel $n = m/M$ an.
Wende die Formel $N = n \cdot N_A$ an.

4 Berechne die Massen für die angegebenen Stoffe, die für die Herstellung des Gusseisens für diesen Kanaldeckel umgesetzt werden müssen.

a Roteisenstein

Gegeben: $m(\text{Fe}) = 62$ kg; $M(\text{Fe}) = 56$ g/mol;
$M(\text{Fe}_2\text{O}_3) = 160$ g/mol; $w(\text{Eisen}) = 70\,\%$

Gesucht: $m(\text{Fe}_2\text{O}_3)$

Lösung:

Jedes Kilogramm Eisenerz enthält etwa 70 % Eisen:

$$m(\text{Fe}_2\text{O}_3) = \frac{62 \text{ kg}}{0{,}70} = 88{,}6 \text{ kg}$$

Oder aus der Reaktionsgleichung oben folgt:
$n(\text{Fe}_2\text{O}_3) = 1$ mol und $n(\text{Fe}) = 2$ mol.

$$\frac{m(\text{Fe}_2\text{O}_3)}{m(\text{Fe})} = \frac{n(\text{Fe}_2\text{O}_3) \cdot M(\text{Fe}_2\text{O}_3)}{n(\text{Fe}) \cdot M(\text{Fe})}$$

$$m(\text{Fe}_2\text{O}_3) = \frac{n(\text{Fe}_2\text{O}_3) \cdot M(\text{Fe}_2\text{O}_3)}{n(\text{Fe}) \cdot M(\text{Fe})} \cdot m(\text{Fe})$$

$$= \frac{1 \text{ mol} \cdot 160 \text{ g/mol}}{2 \text{ mol} \cdot 56 \text{ g/mol}} \cdot 62 \text{ kg}$$

$$= \underline{\underline{88{,}6 \text{ kg}}}$$

Antwort: Zur Herstellung des Kanaldeckels werden etwa 89 kg Roteisenstein benötigt.

b Kohlenstoff

Gegeben: $m(\text{Fe}) = 62$ kg; $M(\text{Fe}) = 56$ g/mol;
$M(\text{C}) = 12$ g/mol; $M(\text{CO}) = 28$ g/mol;
$w(\text{Kohlenstoff}) = 3{,}21\,\%$

Gesucht: $m(\text{C})$

Lösung:

Aus der Reaktionsgleichung oben folgt:
$n(\text{CO}) = 3$ mol und $n(\text{Fe}) = 2$ mol.

$$\frac{m(\text{CO})}{m(\text{Fe})} = \frac{n(\text{CO}) \cdot M(\text{CO})}{n(\text{Fe}) \cdot M(\text{Fe})}$$

$$m(\text{CO}) = \frac{n(\text{CO}) \cdot M(\text{CO})}{n(\text{Fe}) \cdot M(\text{Fe})} \cdot m(\text{Fe})$$

$$= \frac{3 \text{ mol} \cdot 28 \text{ g/mol}}{2 \text{ mol} \cdot 56 \text{ g/mol}} \cdot 62 \text{ kg}$$

$$= 46{,}5 \text{ kg}$$

Das Kohlenstoffmonooxid entsteht aus der Verbrennung von Kohlenstoff.
$2\,\text{C (s)} + \text{O}_2\,\text{(g)} \rightarrow 2\,\text{CO (g)}$

Daraus folgt $n(\text{C}) = 2$ mol und $n(\text{CO}) = 2$ mol.

$$\frac{m(\text{C})}{m(\text{CO})} = \frac{n(\text{C}) \cdot M(\text{C})}{n(\text{CO}) \cdot M(\text{CO})}$$

$$m(\text{C}) = \frac{n(\text{C}) \cdot M(\text{C})}{n(\text{CO}) \cdot M(\text{CO})} \cdot m(\text{CO})$$

$$= \frac{2 \text{ mol} \cdot 12 \text{ g/mol}}{2 \text{ mol} \cdot 28 \text{ g/mol}} \cdot 46{,}5 \text{ kg}$$

$$= \underline{\underline{19{,}9 \text{ kg}}}$$

Ein Kanaldeckel enthält zudem rund 3,21 % Kohlenstoff.
$m(\text{C}) = 62 \text{ kg} \cdot 0{,}0321 = \underline{\underline{2{,}0 \text{ kg}}}$

Antwort: Für die Herstellung eines Kanaldeckels werden rund 22 kg Kohlenstoff benötigt.

Hilfe: Notiere zuerst gegebene und gesuchte Größen.
Wende z. B. die Methode von Seite 174 (Lehrbuch) an.

Material B: Schülermeinungen

1 Finde die richtige(n) Meinung(en) heraus und begründe (► B1).

Aussage 1 ist falsch, da sich die Elemente in ihren molaren Massen unterscheiden. Zum Beispiel enthält 1 g Kohlenstoff nur 0,08 mol Teilchen.

Aussage 2 ist falsch, da sich die Elemente in ihren molaren Massen unterscheiden. Zum Beispiel enthält 1 g Kohlenstoff 0,08 mol Teilchen. 1 g Schwefel ($M(\text{S}) = 32$ g/mol) enthält 0,03 mol Teilchen.

Aussage 3 ist falsch, da es molekulare Elemente gibt. 1 mol Wasserstoff enthält genau $2 \cdot 6 \cdot 10^{23}$ Wasserstoffatome. Schließt man die molekularen Elemente aus, ist die Aussage richtig, da 1 mol Atome $6 \cdot 10^{23}$ Atomen entspricht.

Nur Aussage 4 ist richtig. In einer Stoffportion von 12 g Kohlenstoff sind genau 1 mol Teilchen enthalten, da Kohlenstoff die molare Masse $M = 12$ g/mol besitzt. 1 mol entspricht dabei immer einer Teilchenanzahl von $6 \cdot 10^{23}$.

2 Begründe, warum unterschiedliche Stoffproben eines Stoffes, z. B. von Eisen immer eine unterschiedliche Masse besitzen, aber der Stoff Eisen immer die gleiche molare Masse besitzt.

Die Eisenatome besitzen immer dieselbe Masse. 1 mol Eisenatome (also immer $6 \cdot 10^{23}$ Eisenatome) haben deshalb auch immer dieselbe Masse. Dies wird durch die molare Masse ausgedrückt. Sind in unterschiedlichen Stoffproben („Portionen") unterschiedlich viele Eisenatome vorhanden, dann besitzen diese Proben dementsprechend auch immer unterschiedliche Massen.

3 Erläutere die Zusammenhänge zwischen Masse, molarer Masse und Stoffmenge.

Der Zusammenhang zwischen den drei Größen lässt sich durch folgende Formel beschreiben: $m = M \cdot n$. M

als stoffspezifische Konstante steht für die Masse m von 1 mol der Teilchensorte und n als Stoffmenge beschreibt die Anzahl der Teilchen in mol in der Stoffportion.

Material C: Lachgas

1 Übertrage die Tabelle (► C1) in dein Heft und vervollständige sie. Stelle das kleinste ganzzahlige Massenverhältnis fest.
$m(N_2) : m(O_2) : m(N_2O) = ... : ... : ...$

$m(N_2)$	7 g	*14 g*	28 g	*56 g*	*112 g*
$m(O_2)$	*4 g*	8 g	*16 g*	32 g	*64 g*
$m(N_2O)$	*11 g*	*22 g*	*44 g*	88 g	176 g

$m(N_2) : m(O_2) : m(N_2O) = 7\ g : 4\ g : 11\ g$

2 Stelle die vollständigen Angaben aus der Tabelle (► C1) grafisch in einem Koordinatensystem dar [x-Achse: $m(N_2)$; y-Achse: $m(N_2O)$].

a Kennzeichne die zusammengehörigen Paare als Punkte im Koordinatensystem und verbinde die Punkte mit einem Lineal.

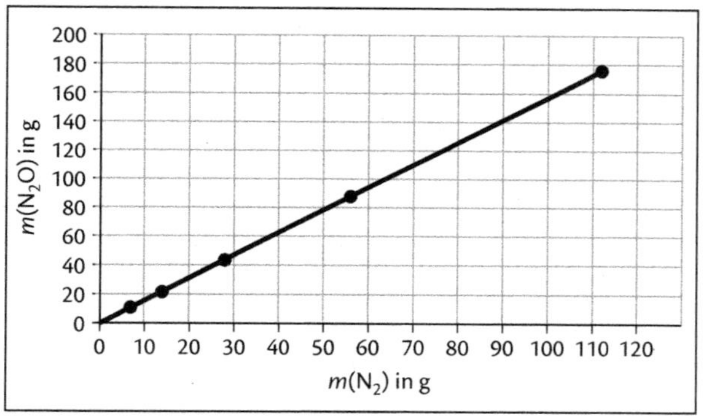

b Ermittle mithilfe dieses Koordinatensystems die erforderlichen Massen Stickstoff zur Herstellung von 20 g, 34 g und 50 g Lachgas.

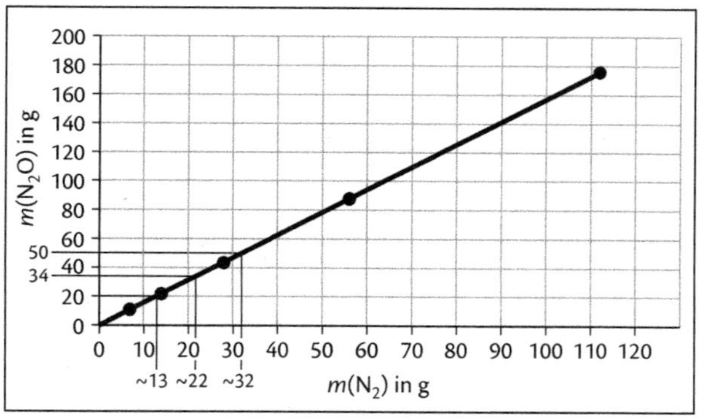

3 Ermittle mithilfe dieses Koordinatensystems die erforderlichen Massen Sauerstoff, die benötigt werden, wenn 4 g, 10 g und 30 g Stickstoff reagieren. Überprüfe die Ergebnisse rechnerisch mithilfe der entsprechenden Größengleichungen.

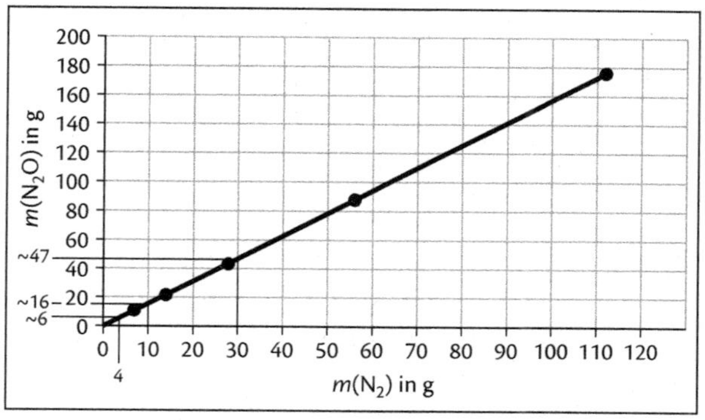

Aus dem Diagramm kann man nur die Masse des Lachgases ablesen. Die Masse des Sauerstoffs ergibt sich aber einfach aus der Differenz $m(N_2O) - m(N_2)$.

$m(N_2)$	4 g	10 g	30 g
$m(N_2O)$; abgelesen	6 g	16 g	47 g
$m(O_2)$; abgelesen	2 g	6 g	17 g
$m(O_2)$; berechnet	2,3 g	5,7 g	17,1 g

Berechnung für $m(N_2) = 4$ g:

$m(N_2) : m(O_2) = 7\ g : 4\ g = 7 : 4$

$m(O_2) = \frac{4}{7} \cdot m(N_2)$

$m(O_2) = \frac{4}{7} \cdot 4\ g = \underline{\underline{2{,}3\ g}}$

Notizen